U0050526

SeaEagle

SeaEagle

【人際交往中，攻心爲上！】

30秒讀懂對方心理

懂對方心理，合對方心意，
別人怎麼可能不喜歡你？

蕭然 著

針對每個交往對象，仔細分析他的心理狀態和弱點，以此來決定該說什麼話，不該說什麼話，在什麼時機說，說得恰到好處，才算得上是公關高手。

你，將變得更從容，更機警，更敏銳，更精明，更有影響力，更有進取心，更有吸引力，更善解人意，更富於同情心！

前言

人是社會性的動物，我們每天都在與各種各樣的人接觸，包括熟識的人或者陌生的人。也許你學識淵博，也許你能言善辯，也許你談吐文雅，可是僅僅擁有這些，你也不一定會成為一個受歡迎的人。

別人喜歡你或者厭惡你，是由你的社交水準、品味以及為人處世的方法所決定的。同時，它也可以決定你事業的成功或失敗。若想要一切圓滿，就需要保持良好的人際關係。

可是與人打交道實在不是一件容易的事情。你不能將人簡單地分類，甚至不能按照同一種方法與兩個不同的人相處。你每天都不斷地結識人、暗暗地琢磨人、試圖瞭解人，但窮盡一生，可能也未必真正地讀懂某個人，那些世事洞明的人際智慧也幫不上你的忙。

其實你也明白，人際交往中，攻心為上。懂對方心理，合對方心意，就不怕得不到別人歡心。針對每一個交往對象，仔細分析他的心理狀態和弱點，以此來決定該說什麼話，不該說什麼話，在什麼時機說，說得恰到好處，才算得上是公關高手。

顯而易見，你必須學會識人，它是處世的基礎。人們總是在掩飾自己，可是人性最自然的流露無法遮掩。但是一個人的外貌特徵、言談舉止、不經意間的肢體動作、話語中的弦外之音等，都會洩露他內心的秘密：情感趨向、思維模式、行為方式……

無論你是誰，無論你在生活中扮演什麼樣的角色，如果你能精於閱人之術，就可以遊刃有餘地行走於社會之中。

也只有熟練地學會閱人，那些處世規則才能被派上用場。所以，在本書中，前面部分，我們教你快速閱人，如何在見面的第一分鐘之內就洞悉對方心理。其中包括怎樣從一個人的長相、穿著、言行舉止等肢體語言方面識人；後半部分，在教你識人之後怎麼應對，用最小的成本掌握勝算，驅敵退敵於無形之中，才是真正的策略高手。

為了有效地贏得他人的好感，避免惹人生厭，你當然需要這本書。在武俠小說中，練金鐘罩或者鐵布衫的人，任你刀砍劍刺，也無法傷他半點皮毛，但如果你找到他的「死穴」，則只須一指就可以要了他的命。在社交場合，如果你是一位高手，自然可以準確無誤地判別對方的意圖和真實想法，並且不費吹灰之力地攻破對方的心理防線。

例如：所有的人在回答問題時，都會不同程度地受到對方發問角度和方式的影響。如果你夠聰明，就要預先埋下伏筆，讓對方不知不覺中陷入語言的陷阱。

另外，本書雖然可以讓你變得更有影響力，更有進取心，更有吸引力，更富於同情心，更善解人意，更加從容，更加機警，更加敏銳，更加精明和練達……我們還是要提醒你，盡信書不如無書。每個人的性格中都包含著許多可變的因素，心理更是瞬息萬變。在閱讀過程中，請你記住，不要片面地下結論，因為過於簡單化往往並不靈驗。你需要把各個論點結合起來，才能對一個人的性格做出全面、客觀的評價。

目錄

一第二章一 以貌相人，相由心生自有理

一第三章一 用心觀察，肢體反映人們的心理

一第四章一 緊盯眉眼，搜尋有用的資訊

一第五章一 少說多聽，給別人顯露的機會

一第六章一 主動出擊，探清對方的虛實

一第九章一 順水推舟，摸清說話者脾氣

第一章

知人知面，一分鐘內怎知心？

俗話說「知人知面不知心」，但實際上，人的面部表情、穿著打扮、言談舉止、興趣愛好，都在無形中傳遞著不計其數複雜而又微妙的資訊，可以真實、準確地反映出對方的氣質、情緒、性格、態度……

如果你是一個心思細膩、觀察力強的人，見到一個陌生人時，迅速收集資訊、綜合做出判斷、洞察對方內心，一分鐘足夠了。

個性所在，洞若觀火

在面部表情上，對於嘴的作用不可輕視。嘴的表情達意一般如此，值得注意的是，人們大多懂得眼睛很會說話，而對於嘴的作用有點輕視。

他人之心在臉上

傳說韓愈在潮州做官時，有一天出巡，在街上碰見一個和尚，面貌兇惡，特別是翻出口外的兩顆長牙，韓愈很討厭他，想回去好好收拾他。韓愈回到府裡，才下轎，守衛就給他一個紅包，裡面是和尚的牙齒。韓愈想，我想敲他的牙齒，沒有說出來，他怎麼就知道了呢？後來韓愈才知道，他就是潮州靈山寺有名的大顛和尚，是一個學問很深的人。

這個故事告訴我們：在高明的人眼裡看來，每個人的臉上都掛著一張反映自己肉體和精神狀況的明細表，能夠反映出每個人的性格，因而透過臉來判斷人的性格是確實可行的。

臉是情緒和性格的晴雨錶

如果讓一個天真質樸的兒童來畫一個人，無論他畫的是火星人還是章魚人或是其他什麼怪誕的人，他一定會先畫出臉，儘管他可能會畫出沒有脖子的人，但是絕對不會畫出沒有臉的人。在我們日常會話裡，以臉、面代替人的情況往往很多，比如說遇見人，可以使用「拜顏」、「面晤」、「會面」等詞語來表示。

中國戲曲中有臉譜的說法，就是以某些角色臉上畫的各種圖案來表現人物的性格和特徵。所以從某種程度上說，臉就是一張反映個人情緒和性格的晴雨錶。

據美國心理學家保爾•艾克曼的研究，面部表情可分為最基本的六種：驚奇、高興、憤怒、悲傷、藐視、害怕。他發現不管生活在世界上哪個角落的人，表達這最基本的六種感情的面部表情都是相同的。

一九六六年，他曾把一些白人的照片拿到新幾內亞一個處於原始的部落中，那裡的島民與世隔絕，以前從未見過白人，但他們都能正確無誤地說出照片上白人的各種表情是什麼意思。

他還發現，生來就雙目失明的人，雖然從未見過別人的面部表情，卻能以同樣的面部表情來表情達意。科學證明，面部表情是由七千多塊肌肉控制的。這些肌肉的不同組合，甚至能使人同時表達兩種感情，如生氣和藐視，憤怒加厭惡等。

透過一個人的面部表情可以看穿一個人的心理，看透他是什麼樣的人。因為每個人的表情後面是他的生活經歷、學識修養、心態人格。

我們所說的臉面不僅是指人的長相，主要是指面部表情。人體中的面部是內部統一的表面尺度，同時也是在精神上獲得完整的整體美的關鍵。因為從面部最豐富的精神性表現中，可以看出人的心靈變化。面部結構不可能脫離精神，因為它就是精神的直接觀察。面容是精神的表現，也是個性的象徵，它與軀體有明顯的區別。面部很容易表現出柔情、膽怯、微笑、憎恨諸多感情譜系，它是「觀察內心世界的幾何圖」，也是最具有審美特性的地方。而身體相對於面部，尤其相對於眼睛而言，卻居於較次要的地位，儘管它也可以透過動作和造型來表達情感，如手的造型等，但仍然是不足以與面部相比擬的。因為面部與軀體就猶如心靈和表像、隱秘和暴露那樣存在著本質的差異。

我們說的「臉色」，也不是指靜態的長相，而是指動態的面部表情。面部表情是一種豐富的人生姿態、交際藝術。不同的人的臉色，又可以成為一種風情、一種身份、一種教養、一種氣質特徵和一種表現能力。比如：

臉上泛紅暈，一般是羞澀或激動的表示；臉色發青發白是生氣、憤怒或受了驚嚇而異常緊張的表示。臉上的眉毛、眼睛、鼻子和嘴，更能表示極為豐富細緻而又微妙多變的神情。皺眉一般表示不同意、煩惱，甚至是盛怒；揚眉一般表示興奮、驚奇等多種感情；眉毛閃動一般表示歡迎或加強語氣；聳眉的動作比閃動慢，眉毛揚起後短暫停留再降下，表示驚訝或悲傷。

在面部表情上，對於嘴的作用不可輕視。嘴的表情達意一般如此，值得注意的是，人們大多懂得眼睛很會說話，而對於嘴的作用有點輕視。美國的一位心理學家為了研究比較眼和嘴表情的作用，將許多表現某種情緒的照片橫切之後再綜合複製，比如把表現痛苦的眼睛和一張表現歡樂的嘴配合在一起。實驗結果，他發現觀看照片者受嘴的表情的影響遠甚於受眼的影響，也就是說，嘴比眼能表現出更多的情緒。問題倒不在於嘴與眼相比，誰的表現力更強，而在於我們的嘴不出聲就會「說話」，讓我們看看嘴唇的「表情」：

嘴唇閉攏，表示和諧寧靜、端莊自然；嘴唇半開，表示疑問、奇怪、有點驚訝，如果全開就表示驚駭；嘴唇向上，表示善意、禮貌、喜悅；嘴唇向下，表示痛苦悲傷、無可奈何；嘴唇撅著，表示生氣、不滿意；嘴唇繃緊，表示憤怒、對抗或決心已定。

可見，面部表情能夠傳達多麼複雜而微妙的資訊，讓你洞穿對方心理。

現實中，不是每個人都能像大顛和尚那樣善於從臉部看人，這種能力是要透過努力的學習和長期的累積才能得到的，它不是雕蟲小技，而是一種極其重要的做人、看人的本領，發現並掌握它，往往能大大地幫助你成為一個左右逢源、極受人喜歡的人。

穿著打扮，一眼洞穿

現實生活中，我們也可以經由一個人的穿著，看出一個人的個性與品格。

不同的個性，就有不同的穿著打扮

隨著社會的進步與發展，當代人的穿著打扮也相應複雜多樣了。當下人最主張顯示個性，所以衣服的款式與色調越來越豐富，也越來越能張揚個性、表現個性。公關專家認為，不同的個性就有不同的穿著打扮，我們只要留心觀察，也會從各式各樣的服飾中窺探一個人的秘密，瞭解他的心理狀況、審美特色，進而進一步把握其性格特徵。

經常穿大方、樸素衣服的人：性格比較沉著、穩重；為人真誠厚道，工作、學習很認真，辦事原則性強，具有高度的責任心；工作起來踏實能幹，比較含蓄，不愛張揚；遇事沉著冷靜，理智處理。這類人的不足是：太過於本分，沒有創新能力，缺少魄力。

經常穿單一色調衣服的人：大多比較正直、剛強；理性思維較強，感性思維較弱。

經常穿淡顏色衣服的人：個性比較開朗、活潑；談吐能力較好，擅長交際。

經常穿深顏色衣服的人：不太愛說話，性格比較穩重，顯得很有城府，很老練；遇事冷靜，深謀遠慮，一般人很難與他耍心計。

經常穿五顏六色、款式獨特衣服的人：虛榮心比較強，愛成為外人注目的焦點，愛表現、張揚；但太趨於流俗，缺少優雅的成分。這類人特別任性，不聽他人的意見，有獨斷專行的特點。他們愛自作聰明，其實很愚蠢，往往把事情搞得更糟糕。

經常穿過於高級華麗的衣服的人：也是有很強的虛榮心，並且自我表現欲、金錢欲很強，是金錢主義的典型物質崇拜者。

經常穿流行時裝的人：他們的衣服跟著時尚走，流行什麼就穿什麼，毫無自己的主見，也沒有自己明確的審美觀。這類人情緒波動大，多具有朝秦暮楚的個性，很不守本分。

經常根據自己的喜好選擇服裝與款式，不受外界干擾的人：獨立性比較強，有超人的判斷力與決策力；並具有很強的自主性與毅力，一旦制定了自己的目標，就努力完成，不達目的誓不甘休。

經常穿同一款式衣服的人：性格大多比較直率、爽朗，對自己有很強的自信心。這類人態度端正、是非分明；做事認真負責，大膽果斷，顯得非常乾脆俐落；對人很講義氣，很遵守諾言；但有時候有清高自傲的特點。這類人自我意識比較強，立場很難改變。

經常改換衣服的人：以女性居多。她們的衣服特別多，一天能換好幾次。這類人愛炫耀，愛張揚，特別挑剔；待人不夠真誠，做事是一個完美主義者。

喜歡穿無袖汗衫的人：他們的性格比較奔放、放蕩不羈；但對人十分隨和、親切。這類人目標不大，愛顧眼前利益，有享樂主義色彩；做事率性而為，不墨守成規，我行我素，喜歡突破、創新；自主意識比較強，常常以個人的好惡來評判一切。你如果損害了他們的正當利益，他們毫不手軟，會討回公道，絕不姑息。

經常穿長袖衣服的人：個性比較傳統守舊，為人處世喜歡循規蹈矩；對新事物持排斥態度，沒有創新精神。這類人熱衷於爭名逐利，把自己的人生理想定得很高；但是能吃苦耐勞，適應能力比較強，即使在很艱苦的條件下照樣能闖出一番事業，所以很受人尊重。這類人愛當領導者，喜歡誇獎，很注重自己在別人心目中的形象，言談舉止也都很講究，衣著很嚴肅，很莊重。

經常穿寬鬆自然衣服的人：多是內向型的。他們自我意識特別強，常常以自我為中心，比較孤僻，不願與別人共處，愛獨來獨往。這類人大多很孤獨，雖然有時也想和別人交往，但總不能接受別人的缺點與不足，最終還是成為孤獨者；做事也缺乏信心與魄力，但比較聰明，思想有比較獨特的見解。

經常穿緊身衣服的人：雖然喜歡穿有約束的衣服，但性格是很開放不拘的；最不願意受約束，常有叛逆心理，但力量微弱，容易被世俗的勢力打倒，想超脫又做不到。這類人做事比較乾淨俐落，生活很檢點；如果是女性會很溫柔，富有同情心。

穿著馬虎的人：穿衣服很不講究，馬虎邋遢。這類人缺乏機密性與邏輯性，但很有實力。他們富有積極性，對工作認真負責，待人熱情，從事某項工作說到做到，有始有終；缺點是不喜歡別人指出自己的缺點。愛面子，你一旦在面子上與他過不去，就會對你有報復心理。所以，你要謹慎地與這類人相處，因為他們心胸比較狹窄。

女人衣著與性格的六種類型

女人永遠抵擋不了各式各樣美麗服飾的誘惑，她們與衣服的關係可謂密切。有心理學家以東方女性作為研究對象，看她們穿什麼衣著，繼而歸納她們的特徵，結果得出了一套「看衣著知性格」的結論，並歸納成六大類型。如果你是男士，以下這段會對你有幫助，幫你判斷你眼前的那位女子到底是怎樣的一種性格。

常穿絲質衣物——誘惑型。由於絲質衣物極度柔軟，沒有出眾身材，根本沒法子穿得好看，所以這類女性對自己的身材充滿自信，同時亦希望得到男士的注意。愛穿絲質衣物的女人，潛意識中都希望征服男性，並熱情大膽。

常穿白色棉質衣——健康型。此類女性屬於活潑可人兒，喜歡追求陽光般的生活，自我期望頗高，而對於另一半也期望他是一個率性灑脫、積極向上的男子，渴望擁有一份踏實穩定的愛。因為她們容易愛得深，於是對男人抓得更緊。

常穿印花圖案衣——可愛型。此類型女子較缺乏主見，凡事都抱著又期待又怕受傷害的心理，不敢隨便嘗試，凡事均點到為止，十分保守。

常穿粉色系列衣——浪漫型。溫柔甜美又討人喜歡是此類型女人共通的表現，充滿著羅曼蒂克的幻想和害羞保守的矜持。

常穿豔色系列衣——主動型。此類女子在潛意識中，都會不自覺地喜歡採取主動，乾脆、大方、爽快是此種女子的共通點。

喜穿寬大衣衫——平淡型。此類女子對許多事情缺乏興趣，對別人要求不多，缺乏浪漫感。

衣服的種類與款式當然不止以上幾種，穿衣的特色紛繁多樣。第一眼看到一個人的時候，你可以把搜集到的各種資訊綜合起來做出判斷。只要看對了對方的服飾，瞭解了對方的個性喜好，往往可以事半功倍。

談吐之間，探其心理

一個人在說話的時候，有太多的細節可以暴露他的內心。如果你能夠把握這些資訊，何愁溝通不暢？在交談的過程中，語速、語調、抑揚頓挫以及潤飾等，都影響著表達效果。人們有意無意地透過這些因素，表現出所謂的言外之意。當你和別人交流時，需要設法從這些因素中來瞭解對方的心理。只要你仔細琢磨，便不難聽出弦外之音，看出某些端倪，瞭解對方真正的意圖。

言談的速度，是瞭解對方心理的關鍵

在說話方式的各種因素中，首推速度。速度快的人，大多能言善辯；速度慢的人，則較為木訥，此均為每個人固有的特徵，依人的性格與氣質而異，不過在心理學中所要注意的，便是如何從與平時相異的言談方式中瞭解對方心理。像有些平日能言善辯的人，有時候忽然結結巴巴地說不出話來；相反地，也有些平時木訥講話不得要領的人，卻突然會滔滔不絕地高談闊論。遇到這種情況，我們應小心，必定出現了什麼問題，應仔細觀察，以防意外。

大致而言，當言談速度比平常緩慢時，表示不滿對方，或對對方懷有敵意；相反地，當言談的速度比平常快速時，表示自己有短處或缺點，心裡愧疚，言談內容有虛假。

有專家曾經說：「男人如果在外面做了虧心事，回到家裡以後，必定滔滔不絕地與太太講話。」從心理學的角度看，這種情形是因為，當一個人的心中有不安或恐懼情緒時，言談速度便會變快。憑藉快速講述不必要的多餘事，試圖排解隱藏於內心深處的不安與恐懼。但是，由於沒有充分的時間冷靜反省自己，因此所談話題內容大多空洞，如遇到敏感的人，便不難被發現其心理的不安狀態。

在工作上，也經常會發生類似情況。平時沉默寡言的同事，假使忽然變得格外多嘴時，則其內心必定隱藏著不欲人知的秘密。

從言談的音調中，可以瞭解對方的心理

與說話速度同樣可以呈現特徵者，便是語調。以丈夫在外做虧心事為例，假使被太太識破，其強辯的聲音必定會立刻升高。**一位作曲家曾經在雜誌上敘述：「當一個人想反駁對方意**

見時，最簡單的方法，就是拉高嗓門——提高音調。」的確如此，人總是希望藉著提高音調來壯大聲勢，並試圖壓倒對方。

音調高的聲音，是幼兒期的附屬品，為任性的表現形態之一。一般而言，年齡越高，音調會隨之相對地降低。而且，隨著一個人精神結構的逐漸成熟，便具備了抑制「任性」情緒的能力。但是，例外的情況自然難免，有些成人音調確實是相當高的。這種人的心理，便是倒回幼兒期階段，因此自己無法抑制任性的表現。在此情況下，也絕對無法接受別人的意見。

在有女性參加的座談會上，如果有人的批評似乎牽扯到某位女士，於是被批評的那位女士便會猛然發出刺耳的叫聲，並像開機關槍似的開始反駁，使得與會者出現啞口無言的場面，座談的氣氛即刻蕩然無存。如此，音調高的聲音，常被看作精神未成熟的象徵。

言談之中，還有所謂的抑揚頓挫。說話時抑揚頓挫強烈的人，往往是希望引起對方注意的人，這種人的性格具有強烈的表現欲。

從言談的韻律中，瞭解對方的心理

在言談方式中，除了語速和音調之外，語言本身的韻律（節奏）也是重要的因素。

充滿自信的人，談話的韻律為肯定語氣；缺乏自信的人，或性格軟弱的人，講話的韻律則慢慢吞吞。其實，也有人在講一半話之後而悄悄地說：「不要告訴別人……」此種情況多半是在秘密談論別人的是非，但是，內心卻又希望眾人知道。

經常滔滔不絕，談論不休的人，一方面表現盛氣凌人，另一方面又好表現自己。這種類型的人，一般性格外向。

日本有很多人喜用曖昧的、不肯定的語尾進行談話。日語中由於其結構都落在語尾，因此假使語尾的語意不清，很容易形成模稜兩可的意思。採用這種談話方式的人，就是有意躲避言談的責任。也有人常這樣說，「這只是我個人的想法。」、「這不能一概而論」……

以聽話的方式，瞭解對方的心理

交談中，必定有一方說而另一方聽。因此，既然有講話的方式，也就有順應講話的聽講方式；反之，也有順應聽話方式而改變講話方式者。因而，若能判斷對方以何種方式在聽自己的講話，就可以瞭解對方的心理。

一般說，認真聽講的時候，坐姿會前傾，視線正視；如果有厭煩之意，就會左顧右盼，而且動用手指頭，身體傾斜，藉以表達其心態。

這些都是極為自然的變化。一般來說，「復述」、「點頭」、「附和」等三種聽話態度，都能代表人們微妙的心理。

首先，復述對方所說的話，大多將對方的話融會於心，並希望能聽到對方的真心話，藉著言詞的重複，一面傳達「我在專心地聽」的意思，一面則試圖解除對方的心理隔閡。

例如：「化妝品我都有。」「喔，你都有啦？」「嗯，像×牌化妝水、粉底，目前足夠用啦！」「喔，已經夠用了嗎？」「嗯，而且，我出門又不多……。」「喔，很少出門嗎？」「嗯，是呀！不過，話又說回來，到了我這個年齡，有很多機會參婚禮或宴會什麼的。」「的確有很多這種機會。」「是呀，所以，我想還是需要打扮漂亮一點。」「你想打扮漂亮一點嗎？」如此，往往能夠逐漸打入對方的心靈深處。

只要能夠一句一句加以傾聽，則說話者就可自然地流露感情，說出內心話。能夠以這種態度傾聽他的言談者，一方面有忍耐力，另一方面具有好奇心。

其次，當我們觀察點頭的方式時，便可以發現大多數的點頭，表示其正在安靜地傾聽對方的言談，而且鄭重其事。但是，有些人也可能在談話者面前點頭示意，視線卻偏向另一方，此種情形便是表面應付，雙方沒有共鳴的表現。

以點頭次數來說，我們不難發現女人的點頭頻率比男人高，而且會附和地說：「嗯，是呀！」、「我明白」，表現出一副專心聽講的樣子。其實，並不能表示被談話的內容所吸引，而只是順乎談話者的直覺上的同意表現而已。這也是一種示意的象徵。

此外，還有一種點頭附和類型的人。此為既講且聽，一身兼兩種角色的人，也就是說一邊講話，一邊附加。此種人不重視說者與聽者之間的交流，一人唱獨角戲，逕自下結論，而且不容許對方反駁，這種人具有頑固性。

興趣在何，隱藏性格

興趣背後隱藏著不為外人所知的個人生活層面，它屬於業餘生活之一。一個人只有工作、家庭、業餘活動等三者獲得平衡，才可能有健全的生活。興趣不像工作、家庭生活那樣受制於人際關係，能夠自由選擇，所以更能反映出一個人的性格。

熱衷於興趣的人，是對現實的一種逃避

透過興趣瞭解別人的心理，首先可以看此人對興趣的熱衷程度，如前所述，人們將精力適當分配在工作、家庭、生活上，來保持心緒平穩。但是，在工作與家庭中，一旦產生了無法滿足的欲望時，精力就會轉移到業餘生活上，尤其是某種興趣上。例如：有的人在工作上並無特殊業績，但在興趣上，卻頗有名望。他們一旦提到自己的興趣，便滔滔不絕；話題一轉到工作或家庭上，就緘口不言了。由此可以判斷，這種人因某種原因在工作或家庭中未能如願以償。

為了填補心靈的空虛，便把本應投注在工作或家庭上的精力放在興趣上。

如果你發現一個人非常熱衷於某項愛好，對收集的物品異常珍惜，雖然對這些物品有向人展示的欲望，卻對之如視珍寶，絕不會借給別人，而且時時覬覦他人的同類物品。那麼便可斷定他們心態可議，應注意防範。如果再觀察這些人的工作態度，就會發現他們固守自我防線，極端厭惡別人越雷池一步。他們是典型的獨善其身、自掃門前雪的人。

對運動有興趣，是情緒穩定的人

透過興趣瞭解別人心理的第二個要點是，興趣的種類。即觀察對方興趣屬於哪一種。如果將興趣劃分為個人興趣與團體興趣，前者多屬於逃避類型，後者則多半為情緒穩定型。

同樣有釣魚的興趣，喜歡躲在山中或小溪邊，獨享垂釣之樂的人，有分裂性或憂鬱的心理傾向。這種人往往躲在與世隔絕的象牙塔裡，尋求精神上的安定。由於他們在工作場所和家庭中，無法與人和睦相處，便逃入孤獨的世界裡。這種類型的人一旦熱衷於個人興趣，便有增加其自閉性的危險。

喜歡與陌生人共用垂釣之樂的人，其精神生活必定極為穩定。他們積極地靠興趣來解除日常生活中未獲滿足的欲望，因此工作、家庭和業餘生活都得到健康的發展。

同樣，喜愛運動的人，情緒也大多穩定。尤其是消耗體力的活動，如：騎自行車旅遊的人，他們絕對不會有陷於自閉性惡性循環的擔心。

透過對金錢的興趣，看對方的心理

有一種人喜歡在別人面前故意若隱若現地炫耀自己有巨額金錢，這種人實際上是過分節儉；還有一種人無論高興還是不高興，都有強烈的胡亂購買欲，他們屬於欲求不滿型的人；也有人平常非常吝嗇，但對自己感興趣的事，又不惜投資巨額，一擲千金連眉頭都不皺一下，這種人多數在性格上有自卑感。

信奉「有錢能使鬼推磨」的人，屬雙向性分裂症型。假使你向這種人借一塊錢，他則永久都要向你討這份人情。並且他們對任何事情都要講小道理，對於股票、土地、貴重金屬的投資非常有興趣。

按照計畫使用金錢的人，雖然是很可靠的人，不過他精打細算得非常冷酷。這種人大多數不會將金錢交給另一半。只有自己認為需要用錢，才肯心甘情願地拿出。

從讀書的興趣，看其內心世界

在公關專家眼中，讀書不僅能增加一個人的知識和修養，而且還能在某種程度上從讀書的類型反映出一個人的性格。不妨看看下列分析：

愛情小說：這是一個感情型的人，極端直覺，生性樂觀，通常很快可從失望中恢復過來，東山再起。

自傳：他的好奇心強、謹慎、雄心大，在做出決定前，一定會先研究各個選擇的利弊及可行性。

報紙及新聞性雜誌：如果他喜歡看時事文章，表明他是一個意志堅強的現實主義者，並善於接受新思想。

漫畫：他喜歡玩樂，性格無拘無束，拒絕把生活看得太認真。

聖經：很明顯，他是一個誠實而勤懇的人，同時亦很容易原諒人。

偵探故事：他很喜歡接受思想上的挑戰，是一個出色的解決問題者，別人不敢碰的難題，他都願意去對付。

恐怖小說：他是一個富有幻想力及創造性的人，對科技感到迷惑，喜歡為將來做好計畫。

財經雜誌：他是一位極愛競爭的人，最喜歡把別人比下去。

婦女雜誌：她有意成為一個「女強人」，希望事事都表現得很出色。

時裝雜誌：他很著意自己的身份，會盡力改善自己在別人眼中的形象。

歷史書籍：他是一個很有創造性的人，不喜歡胡扯、閒談，他寧願花時間做些有建設性的工作，而不會去參加社交活動。

哲學著作：他是一個勤於思考的人，對周圍的一切都表示懷疑，容易把問題想得複雜、嚴重，不喜歡交際，因為他覺得別人不值得交往。自信心很強，但缺乏處世的熱情。

街頭采風、軼聞趣事雜誌：富有同情心，樂觀，他時常能用說話來娛樂他人，有源源不斷的趣味性資料做話題，令他成為辦公室裡或晚會上受歡迎的人物。

詩歌：他是一位多愁善感的人，感情細膩，觀察力強，敏感而富於幻想。對人熱情，但時常又以自我為中心，孤傲，獨行其是。

人類的興趣種類繁多，不勝枚舉，我們從興趣探視人心時必須要注意這些細節：一般人在聽到有關「興趣」的話題時，無論自己有沒有這類興趣，都會參加進去做適當的附和，你需要判斷出他是不是真的有這方面的興趣。

假使某人對某種特定的興趣表示出極端的厭惡，則表明他曾受到某種心靈的創傷。比如：你正在與某位女性交談，話題談到音樂方面。本來雙方談得很愉快，這時卻見她突然閉口不談，而且臉上抹上一層哀怨的表情，你不妨轉變話題，旁敲側擊地詢問原因。她可能會說，她曾希望當一位音樂家，但由於父親反對，以致未能如願以償。還有的人上小學時，在別人面前唱歌被取笑，自那時起便討厭音樂了。

對這種極端排斥某種興趣的反應，不要一味地認為是興趣方面的問題。應當看到其背後隱藏著一種過去的生活體驗與情懷。否則，我們不僅失去了瞭解對方心理的機會，而且會在無意之中刺傷對方的心。

見面招呼，識人性格

見面打招呼、問好是人們在交往中互相表示友好和認定的一種方式。正因為打招呼是人們見面時最簡便、最直接的禮節，是人人都需要實施的行為，極具普遍性，在日常生活中出現的頻率極高。所以，打招呼的方式也就透露出了關於這個人性格的消息。打招呼的方式因人而異，從打招呼和應答的方式中，都可以或多或少地反映出人的性格。

打招呼時雙方的距離，可以顯示出雙方心理上的距離

我們相互打招呼的時候，若能觀察對方與自己之間保持的距離，就會洞察對方心理狀態的特點。比如對方在打招呼的時候，故意後退兩三步，也許他自己認為這是一種禮貌，表示謙虛，然而這種小動作往往讓人誤解是冷漠的表現，以致引不起話題，同時也難以開懷暢談。像這種有意拉長距離的人可視為警戒心、謙虛、顧忌等情感的表現。

如果下意識地保持距離，說明了對對方的疏遠、警戒，試圖造成對自己有利的氣氛，使對方的心理狀態處於劣勢。

邊注視邊點頭打招呼的人，懷有戒心

一面注視對方的眼睛，一面點頭打招呼的人，除了對對方懷有戒心外，還具有處於優勢地位的欲望。

有些人在打招呼時，一直凝視著對方的眼睛來點頭，其心理是利用打招呼來推測對方的心理狀態，並含有對對方保持戒心、企圖比對方優越的表現。

公關專家建議，想要和這種人接近，應特別注意誠意。若在這種型態的人前暴露自己的缺點，則會被對方瞧不起，所以不能操之過急，應採取長時間接近法。

不看對方的眼睛來打招呼，大多有自卑感

如果你看著對方的眼睛打招呼，但是對方不看你的眼睛而做應答，那不是看不起人。這時，你須抑制自己，姑且以平靜心態相對。因為，對方實在是因為怕生而膽小，或有強烈的自卑感，並非自傲、瞧不起人，在此時如同「被蛇看上的青蛙」。那麼，你切記不要做那條

「蛇」，這樣雙方才能平等、互相瞭解。

初次見面就很隨便打招呼的人，是想形成對自己有利的態勢

初次見面就很隨和地打招呼的人，往往使人大吃一驚。有人往往認為這樣的人很輕浮，其實這種人往往很寂寞，非常希望與別人接近。去各式公開場合時，坐在自己旁邊的人，雖然是初次見面，卻很親熱地與自己交談，事實上是為了使當場狀況變得有利於他自己。

公關專家提醒，當遇到「初見面就很熟」的男性時，女性要特別小心，切勿使男性有機可乘。這種男性的性格浪漫大方，是一個濫情家，性情懦弱，迷戀女性，而且其中不乏遊手好閒的男性。

「招呼用語」揭示人的性格

心理學家聲稱，從一個人的打招呼用語，可以瞭解這個人身上的很多東西。能揭示性格的招呼語，是指你剛剛結識某人時或與熟人相遇時最經常使用的那一種。以下，舉出了幾種常見的招呼語，每一種均可揭示出說話者的性格特徵：

「你好！」：這種人頭腦冷靜得近乎於保守，對待工作勤勤懇懇，一絲不苟，能夠控制自

己的感情，不喜歡大驚小怪，深得朋友們的信賴。

「喂！」：此類人快樂活潑，精力充沛，渴望受人傾慕，直率坦白，思維敏捷，富於創造性，具有良好的幽默感，並善於聽取不同的見解。

「嗨！」：此類人靦腆害羞，多愁善感，極易陷入為難的境地，經常由於擔心出錯而不敢做出新的嘗試。但有時也很熱情，討人喜愛，跟家人或知心朋友在一起時尤其如此；晚上寧肯和心愛的人待在家中，而不願外出消磨時光。

「過來呀！」：此類人辦事果斷，樂於與他人共用自己的感情和思想，好冒險，不過能及時從失敗中吸取教訓。

「看到你真高興。」：此類人性格開朗，待人熱情、謙遜，喜歡參與各種各樣的事情，而不是袖手旁觀。這類人是十足的樂觀主義者，常常沉溺於幻想，容易感情用事。

「有什麼新鮮事？」：這種人雄心勃勃，凡事都愛追根究底，弄個究竟，熱衷於追求物質享受並為此不遺餘力。辦事計畫周密，有條不紊；遇事時寧願洗耳恭聽，而不便表態。

「你怎麼樣？」：這類人喜歡拋頭露面，利用各種機會出風頭，惹人注意；對自己充滿了自信，但又時時陷入迷惘。行動之前，喜歡反覆考慮，不輕易採取行動；一旦接受了一項任務，就會全力以赴地投身其中，不圓滿完成，絕不甘休。

雙方握手的方法，可以顯示出對方的性格

有些人見面打招呼的方式是伸出手來和別人握手。透過握手中的細節也可以洞察對方的性格。通常可以分為以下情況：

使勁握對方手的人：其性格主動、剛強，而且充滿著自信。握手時不使勁的人，則個性較為軟弱，而且缺乏魄力。

在舞會等交際場合，頻頻與初識者握手的人：是一種自我表現欲和社交能力強的人。

握手時掌心出汗的人：大多易於衝動、心態失去平衡。

握手時先凝視對方，然後再握手的人：是希望將對方心理處於劣勢地位的人。

服飾顏色，看其習性

德國心理學家魯米艾爾首創以顏色喜好進行性格判斷的方法，這種研究曾經風行世界。因為色彩在服裝的外觀上有難以言喻的魅力，它不僅能表現服裝的質感，更能表現出一個人的個性和風度。

一個人選擇什麼色彩的服裝與個性有密切的關係，因為這是和他當時的心理活動狀態有一定關連的。所以，從一個人喜愛的顏色上多少可以看出他具有什麼樣的性格特徵。

選擇黑色衣服的人：從表面上看可能會給別人留下神秘、高貴以及專業的印象。這類人多是不善於社交的人，他們無非是用黑色來掩飾自己內心的不安或恐懼。

選擇藍色衣服的人：藍色是一種穿著相當普通的色彩，這類人比較喜歡寧靜，無憂無慮，善於控制感情，很有責任心。同時富有見識，判斷力強。個性也比較固執，不達目的絕不甘休。他們不擅長交際，所以只和志同道合的朋友自組一個小團體。固執己見，對旁人的意見缺乏採納的雅量。

選擇深藍色衣服的人：深藍色是由冷靜又感性的藍色加黑色所形成的一種色彩，它既保留了黑色所具有的堅毅與神秘的特質，又增添了藍色的韌性和毅力，造就了深藍色既具有知性又具有管理的特質。喜歡穿深藍色衣服的人應該是一位優秀的決策者。這樣的人凡事都會縝密思考，比較容易成就事業，以男性居多。這些男性多半喜歡自己自行創業，但是不太喜歡接受別人的批評和建議。

選擇白色衣服的人：白色是一個純淨、沒有任何雜質的色彩。選擇白色服裝的人，是一個比較追求完美的人，但又有實際的一面。這種人內心比較寂寞，渴望引起別人的注意和關心甚至愛慕。他們不太喜歡別人沒有理由的客套，所以在外人的眼裡，他們是那種既愛又怕，既做作又喜歡鑽牛角尖的人。

選擇黃色衣服的人：黃色是一個心靈能量的顏色，它可以加速理想的實現，並能啟發新的創意，但因為一般人不懂得如何挑選適合自己的黃色而給人一種愚蠢的印象。一個選擇黃色衣服的人，通常是有自己獨特的見解和想法，富有高度的創作力及好奇心的人。他們心情歡暢，性格外向，精力充沛，做事自信、瀟灑自如，說話也無所畏懼，不擔心別人會怎麼想。這類人具有冒險、追求刺激和新鮮的特徵，無法忍受一成不變。

選擇綠色衣服的人：綠色是生機盎然的色彩，它代表生命的誕生和延續。喜歡綠色衣服的人個性謙虛平實，善於克制自己，不愛與人爭論，心緒不易煩亂，很少有焦慮不安或憂愁之感。和善、可親是這類人最大的特色，而且他們對於自己不喜歡的人也不會刻意地排斥或疏遠。這類人道德感強烈，個性直爽，而且是聊天的理想對象。

選擇紫色衣服的人：紫色是一種既高貴又有點傲氣的顏色，是由紅和藍結合而產生的色彩，它包含了精神和肉體的定義，是控制情緒的最佳輔助品。喜歡穿紫色衣服的人，是一個觀察力和領悟力都極高的人。這類人性格比較內向，多愁善感，常常感到焦慮不安，但能夠駕馭和控制內心感情的憂慮和苦惱。這類人一般具有不錯的文化素質和涵養，往往以藝術工作者居多。但是常穿紫色衣服的人又有些自視清高，對非同一領域或和他不是同一個層級的人或事情，往往會表現出不屑的態度，容易讓周圍的人覺得他們有矯揉造作之嫌。

選擇棕色衣服的人：棕色給人穩重但稍嫌壓抑的感覺。這類人有強烈的基本欲望，他們個性拘謹，自我價值觀很強烈，很害怕因為外來因素的介入而必須改變自己。但在外表及處理事情的態度上，卻給人一種很大的信賴感。對於人與人之間的利害關係分得很清楚，容易給別人一種冷漠的傾向，但其耿直的個性又頗值得人信賴。

選擇灰色衣服的人：許多人都知道，「非黑即灰」在流行時尚界已經是一個千古不變的準則。其實，選擇灰色衣服的人通常會是一個不容易相信別人的人，他們凡事一定會處理得非常完善才認為是大功告成，否則寧可不做。通常他們不會把事情隨便交給別人，要取得他們的信任是一件非常困難的事情。

選擇紅色衣服的人：紅色使人精神振奮，但過度的紅又會使人精神緊張、脾氣暴躁。這類人大多是精力旺盛的行動派，不管花多少力氣或代價也要滿足自己的好奇心和欲望，會對自己專注的和感興趣的事情投入百分之百的熱情。但這類人往往缺乏耐性，一遇到挫折便會迅速地喪失原有的熱情，情緒變化相當大。他們心直口快，說話做事不假思索，從不考慮別人的感受，也不在乎可能產生的後果，而且他們沒有承擔過錯的能力和自我反省的勇氣，習慣把責任歸咎到別人或外在不可抗拒的因素中。

選擇橙色衣服的人：橙色是一個高亮度的顏色，是繁榮與驕傲的象徵，是自然的顏色，給人一種溫暖的感覺。穿橙色衣服的人擁有開朗的笑容和充沛的活力，常常成為人群中的焦點而人緣奇佳，但往往也會因為不輕易得罪人使自己顯得沒有原則。他們害怕孤獨，喜歡熱鬧，個性天真敏感。選擇橙色的人通常都非常熱愛大自然，並且喜歡戶外活動。這類人做事優柔寡斷又善變，使身邊的人感覺他們輕浮而不穩重。

選擇咖啡色衣服的人：咖啡色給人一種穩定和安全的感覺，雖然讓人覺得老氣，但卻有一種表裡如一的權威感。喜歡咖啡色衣服的人，外表冷靜、內心熱情。他們會習慣腳踏實地地去做每一件事情，縱使遇到挫折也是有苦自己吞，絕不讓別人看到自己脆弱的一面，在情感的表達上多少讓人感覺有點木訥。

選擇茶色衣服的人：茶色是深沉而樸素的顏色。喜歡這個顏色的人，服裝嗜好也偏愛不華麗但富有韻味的款式；很在乎事物內層的精神性表現，其存在並非引人注目，但是內在卻具有良好的潛在能力；誠實又富有責任感，很容易被別人接納。但是，有時會因為太過孜孜不倦而顯得有些不知變通。

選擇粉色衣服的人：粉色是紅和白的結合，帶有白和紅的兩種性格特點，可以說是感性與理性結合，知識與天真並存。選擇粉色衣服的人多是單純天真的幻想家，有純潔如白紙般的心境，成天活在自己編織出來的世界裡。他們比較感性，處世溫和，常常想讓自己呈現出年輕、有朝氣的感覺，甚至希望在旁人眼中是高貴的形象，散發著一股讓人看到就很舒服的魅力，但卻有強烈的逃避現實的傾向。

衣飾顏色是一種會說話的「色彩語言」，它可以傳遞人的心理狀態、意向、性格、愛好、興趣及身份等多方面的資訊。掌握這種「語言」將會為你更加準確地看透對方增加一個更大的籌碼。

第二章

以貌相人，相由心生自有理

也許長相和性格的關係類似於「雞和蛋」，誰決定誰難以辯清。但可以肯定的是，這兩者必定有關係。

人體的每一個器官都是一個人不可或缺的組成部分，它們多多少少都會透露出人的內在資訊。但毋庸置疑，臉上的器官最為重要。「以貌取人」是不對的，但「以貌相人」往往可以給你帶來很大幫助。

看臉型，辨別對方

第一眼看到一個人的臉時，你會首先打量哪個部位呢？眼睛、鼻子，還是眉毛？其實，你先看臉型就可以了。雖然一個人的臉型往往和遺傳有很大的關係，但是先天的臉型隨著後天的生活狀態、社會環境、個人經歷的不同，也會發生較大的變化。心理學家透過大量的統計資料研究發現，成年人的臉型在一定程度上可以反映出一個人的某些性格。心理學家把臉型分為七種基本類型，每種臉型都代表著一種性格特徵。

圓形臉

這種臉型肌肉厚實而渾圓，有這種臉型的人，性格如臉型一樣溫和圓滑，他們好相處，待人親切，社交能力較強。因為這種臉型的人總是很樂觀，對一切都感到安然愜意，所以這種人永遠是和氣、有趣、可親的。不過在堅持自己觀點方面有點自我，甚至有點任性，還有點自掃門前雪的個人主義。如果是男性有這樣的臉型，他在金錢的運用和管理方面有待加強。公關專家建議，和這種人交朋友最應該注意的就是要成為對方的忠實聽眾，特別是當對方是女性時，如果你想給她留個好印象，在對方說話的時候，千萬不要插嘴，否則你將前功盡棄。這種人有很好的協調性，如果不是涉及到很大的問題，一般很難拒絕他人的請求，如果是公司上司，是一個好上司，深受員工愛戴，不足之處就是有時會言而無信。

橢圓形臉

橢圓形臉，也就是平常說的蛋形臉，特徵是下顎帶著圓弧感，額頭清晰而廣圓，如果是女性，是一個美女胚子。

這種臉型的人有很好的順應性，女性即使身為職業婦女也能很好地照顧家庭和工作，做到兩不相誤。而且這種臉型的人富有理性，是一個理性主義者，即便是在混亂的場面，也不會像其他人一樣驚惶失措，能很鎮定地告訴別人該怎麼樣去做。他們的情緒很少有波動，是一個值得信賴的人。不過，他們的感覺比較細膩，會把一件小事放在心上保留很久。

對於錢財，他們往往公私劃得很分明，並以此為信條，因此在和別人交往的時候，絕對不允許別人有貿然的行動，如果你執意不聽勸告而貿然行事，則會引來對方的厭惡。

這種人工作努力，思想活躍，有很好的創造力，並且自尊心很強，不容易受他人的影響，缺點是耐力不足，往往半途而廢。

如果這個人正好是你的上司，你能夠做的就是抬舉對方並認可他的存在。

四角形臉

這種臉型方正，有寬大的下巴和發達的臉頰骨是這種臉型的主要特徵。是運動員常見的臉型。這種人對任何事物都表現出積極的態度，意志堅強，即使碰到很大的困難也能很快振作。他們性格外向，富有行動力，正義感強烈，不喜歡遷就，絕不委屈自己，因此缺乏一定的通融性；對於已經決定的事情一定堅持到底，異常執著，容易與人有衝突，不過很講義氣，有人相求能鼎力相助。或許是性格原因，這種人的人緣往往不是十分好。

細長形臉

臉型長，下巴呈四角型，而鼻子和口就顯得小，這種人對細微瑣事考慮得比較周到，對研究有一定的熱忱，擅長與人交流，如果有一技之長，那將是他最好的職業。對人謙恭、周到、有禮貌，乍看起來通情達理，其實很難表達清楚自己的心意，因此在與人交往時會造成些麻煩。他們在追求理想方面擁有極大的想像空間。

這種類型的人最大的缺點便是點子雖多，實現之日卻遙遙無期。

本壘形臉

本壘是棒球運動中的一個術語，運用到臉型描述上，指的是顴骨到下巴的線條非常明顯，體格健壯帶有陽剛之氣。

對研究有獨特的熱心和耐心，但實際上沒有特殊的好惡，和任何人都能打成一片。

這種人對他人很體貼並富有同情心，然而卻很少表露自己的感情，因而給人一種好相處的感覺，也因此受到大多數人的喜歡。不過這種個性有時也會受人誤解而無法向自己喜歡的異性開口表白，甚至不敢碰異性朋友的手。

如果男人是這種臉型，作為他的女朋友或者妻子，千萬不要擔心他會沾花惹草，他一定只對單一的女性鍾愛。

相反的，如果女性是這種臉型，作為男人的你就要注意了，她對性的態度極為大膽，喜歡和其他的男性交往，是屬於容易紅杏出牆的那種類型。

混合形臉

這種臉型的特徵是臉孔整體有稜有角，或變形成額頭小、顴骨寬大的人。頑固、不服輸是他們的主要特點，伴隨這些的還有神經質，愛慕虛榮，但他們不是一無是處，他們在任何一個方面都很有興趣，況且不管做什麼都超出一般的水準，因此往往令人搞不清楚他的正業和主攻方向。他們最適合的職業是：政治家、影視明星或者秘書。如果這種人能碰到志趣相投的人會與對方相處融洽，然而只要有一點不滿就會全盤否定對方。

倒三角形臉

額頭寬，臉型隨著往下巴的方向慢慢變窄，形成倒三角型的臉孔。

有這種臉型的人和他的身體有關，他的身體多半也是細瘦、嬌小的體形。他們做事多半一絲不苟，有潔癖。他們有很強的虛榮心，喜歡受人矚目，同時也很關心引人注目的事物；具有貴族化的嗜好，對戲劇、優雅的東西充滿憧憬，但如果不能遂意，也會有焦躁的舉動；性情中有優柔寡斷的一面，還有細膩而浪漫的一面，多數人帶有難以接近的氣質，因而使人感覺難以相處，要接近這種人必須以浪漫而富有幻想色彩的話題作為交際的潤滑劑。

心寬，眉心也寬

看完了臉型，以下我們從上到下來看五官，先說眉毛。它是眼睛的「護衛」，是一道天然屏障，對眼睛有很好的保護作用。同時也能豐富人的面部表情，雙眉的舒展、收攏、揚起、下垂可反映出人的喜、怒、哀、樂等複雜的內心活動。

眉毛的光亮與濃淡

曾國藩說：「眉崇尚光彩。好的眉毛表現在四個方面，即『清秀油光』、『疏爽有氣』、『彎長有勢』、『昂揚有神』。」也就是說，眉毛應該有光、有氣、有勢、有神。在這四個方面，「清秀油光」顯得最為重要。通常情況下，年輕人的眉毛都比較光潤明亮，而老年人的眉毛往往比較乾枯而且缺乏光彩。這就是因為年輕人生命力旺盛，而老年人生命力開始衰退的緣故。

眉毛的光亮可以分為三層：第一層是眉頭，第二層是眉中，第三層眉尾。層數越多，給人的印象越好，得到他人的提攜也就越多，成功的可能性也相對的越大。因此人們都把眉毛有光亮的人認為是運氣特別好的人。

粗眉的人較男性化，性情積極而好衝動；細眉的人比較女性化，性情消極，優柔寡斷。新月眉看起來漂亮，但若是男性長了這種眉毛，他的性格一定比較懦弱。此外，粗眉的人往往會得到雙親的庇護。

眉梢比外眼角長的人，會體諒別人並具有雅量，經濟上比較充裕。眉毛短的人與雙親緣分較薄，夫妻之間的緣分亦極淺。

濃眉的人運道很好，不論他處於哪種階層，他都能一直十分活躍。但如果眉行過濃，便有高傲、狡猾的趨向，往往是自我中心主義者。相反的，眉毛稀少的人性情較穩健，知識較豐富，但這種人缺少進取心與指導性。

結合中醫與心理學的眉型識別

來看一段古文：

「眉者，媚也。為兩目之翠蓋，一面之儀表，是謂目之英華，主賢愚之辨也。故欲疏而細、平而闊、秀而長者，性聰敏也，若夫粗而濃、逆而亂、短而蹙者，性凶頑也。」

你可以看到，很久以前，我們的先人就懂得了利用眉毛來看一個人的性情。

《黃帝內經》有云：「美眉者，足太陽之脈，血氣多；惡眉者，血氣少也。」由此可見，眉毛的長粗、濃密、潤澤，反映了足太陽經血氣旺盛；如眉毛稀短、細淡、脫落，則是足太陽經血氣不足的象徵。眉毛濃密，說明其腎氣充沛，身強力壯；而眉毛稀淡惡少，則說明其腎氣虛虧，體弱多病。

從中醫學角度來看，一個人的眉相代表著內分泌系統和肝、腎系統的狀況；而肝臟及內分泌（荷爾蒙的分泌），正好是影響一個人性情的最主要生理因素，因此從眉型可以看出一個人的性情好壞。

眉梢往上及眉梢往下：這種眉毛的人富有同情心，熱心助人，同時也是一個老好人。即使受到別人的捉弄，他也不想去報復。這種人大多數在四十多歲時之間會受點苦，但他們做事會善始善終。眉梢往上的人，自尊心與個性均極強，一向拒絕妥協，缺少協調性。這一點既是他的長處，也是他的短處。當需要豪氣和果斷時，他能迅速地施展其手段而嶄露鋒芒。這種人往往會得到別人的敬仰。眉梢往上或往下的人，哪一種會獲得成功呢？這要視環境與命運的要素而定，不能一概而論。如果硬要加以論斷，眉毛往下的人可稱之為王者型，眉毛往上的人可稱之為霸王型。

柳葉眉和一字眉：柳葉眉的人性格溫柔而且有智慧，能夠孝敬父母，與兄弟和睦相處。一字眉的人性格堅強，行動比較男性化。有較寬的一字眉的人具有膽識，而有較窄的一字眉的人卻較固執和缺乏耐力。另外，這種人比較陰險，通常為智慧型的犯罪者。

近眼眉和遠眼眉：眉毛與眼睛相距較近的人，做事較沉不住氣，同時大多比較陰險，家庭中風波不斷。而且往往只見到眼前利益，而不能考慮長遠。眉毛距離眼睛較遠的人，性情比較溫和，而且顯得氣宇軒昂，是長壽之相。

眉間寬與眉間窄：左右兩眉的間隔較寬的人，較穩重而且長壽，因為他肚量大、視野廣，對任何事情都不會過分計較。而印堂狹窄的人卻恰恰相反，中年時會得上大病。

眉毛的排列眉：毛按同一方向排列而又有光澤的人非常幸運，為人也十分誠實。如果眉毛排列非常紊亂，生長的方向又不一致，這種人言行不一致，大多是偽善的人。

眼睛，心靈的窗戶

「眼睛是靈魂之窗」，一點也不錯，一雙眼，生得大還是小，眼型圓還是長，都透漏了命運的玄機。

七種主要的眼睛類型

在中國古代的典籍裡，清初的李漁在《閒情偶記》一書中從肌膚、眉眼、手足、態度、薰陶、點染、首飾、衣衫、鞋襪、文藝、絲竹、歌舞等十三個方面評論了美女。

李漁將各種眼睛的表像與女人的性格連結在一起。認為眼睛細長的女人性格一定是溫柔的，眼睛粗大對應的是性格上的強悍，眼睛靈動而且黑白分明的女人一定蕙質蘭心，反之則一定比較愚蠢，接著，他還對該怎樣做到明眸善睞發表了一番高見。

我們現在不是要選美女，只是要說明眼睛和性格的關係。

杏仁眼：被認為輪廓完美的杏仁眼，其線條輪廓有節奏感，外眼角朝上，內眼角朝下，眼睛兩段的走向明顯相反。

丹鳳眼：被中國傳統認為是最嫵媚、最漂亮的形狀。眼睛形狀細長，眼裂向上、向外傾斜，外眼角上挑，多為單眼皮或內雙。

深陷眼：深陷眼是由眼瞼過分深陷、眉弓特別突出造成的。使人感覺性格過於分明。

厚凸眼：厚凸眼是指眼瞼肥厚，骨骼結構不突出，外觀有平坦浮腫的感覺。

下掛眼：下掛眼的眼型內眼角高、外眼角低。讓人感覺有淒苦之相。

上斜眼：上斜眼是指內眼角低、外眼角高。這種眼型給人感覺比較小氣。

小圓眼：顧名思義，小圓眼是指眼睛又圓又小，這種眼型並不多見。

透過眼睛，讀懂人心的秘密

眼睛是寫在臉上的心，其地位可想而知。眼波流轉之間，心情纖毫畢現。即便只是靜止著的雙眼，也在透露性格的秘密。以下是一些簡單的參考，可以幫你瞭解：

從社會調查結果看，可以對不同的眼睛類型做出如下概括：

兩眼對稱，外形穩定，與面部其他器官配合較為和諧：這種人做事情中規中矩，能夠合理安排調度自己的時間和工作，並且往往是一個成功者。

眼窩深陷，眼球四周看起來有較大凹陷空間：這種人比較深沉，考慮事情詳細周到，但是儘管面面俱到，其人所經歷的挫折也會接連不斷。

眼球外凸，眼睛大而明亮：這種人智商很高，個性很強，學業上往往是佼佼者，業務上通常是領導者；目光顯露天真無邪，其人緣較好，大家都喜歡這樣的朋友，聰明又夠意思。目光比較敏銳的，屬於能力很強的領導型人才，往往能夠用自己的手腕控制局勢，果敢堅決，是事業型人才。

眼睛偏小，眼瞼外部下走，白眼球較多：這種人心思細膩，容易被評判為陰險狡詐，變化多端，不易把握；這種人做事情往往會出人意料，不循常規；交朋友時會顯得比較功利，不講究感情。

有眼袋，眼角上翹者：這種人有較好的異性緣，常常能夠獲得長輩的欣賞喜歡，成人化的過程較快，能夠迅速適應環境的變化，和周圍的朋友或同事打成一片。

長有「童子眼」的成年人：小孩子的眼珠是比較黑的，而成人的眼珠顏色大多是咖啡色的，若一個成人的眼珠還是偏向黑色的，而且眼神充滿童真，稱之為「童子眼」。為人胸無城府，待人真摯，但小心容易受騙，包括感情方面。

眼形大而且眼珠大：此人一般觸覺敏銳，熱情豪邁，富有激情，但無論男女都是易熱易冷，來得快、去得快，容易隨周圍條件的變化而轉變。

「鴛鴦眼」或「大小眼」：無論男性還是女性，若左右兩隻眼的大小不同，只要從外觀上一眼就能看出來，在相學上稱之為「鴛鴦眼」或「大小眼」。鴛鴦眼的人，善於察言觀色，天生有靈敏的頭腦，特別懂得如何待人接物，並且感情路上也會多姿多彩。

鼻子裡蘊含的「語言」

鼻子在我們面部的中央位置，在古代相術中，它掌管著人一生的財運，而在西方國家它卻是性的象徵，鼻子的學問由此可見一斑。鼻子可以提供一定的性格特質的線索——尤其是有些人設法掩飾的那些特質。

鼻子形狀的「語言」信號

我們之所以說從外貌觀察人，是因為人的外貌的健康程度和特徵可以反映人的內在品格。鼻子同樣也是這個作用。中醫學有種說法認為，鼻子主導人的心臟，從鼻子可以看出心臟的健康程度，由於面部神經極為發達，通常血液充足暢通的人外貌看起來就會很有精神，面部中心的鼻子也因此富有光澤，給人健康的形象。

以下，我們來仔細探究鼻子中究竟蘊含了怎樣的「語言」：

孤峰獨聳：鼻子的大小要與臉形大小以及五官互相配合，如顴低、面小、額平、頰失而鼻非常豐隆，古書中稱之為「孤峰獨聳」，這種人不論男女，非但不能聚財且有破財之虞，尤其以男性上唇無鬍者更是靈驗。

過於短小：鼻與臉形相比之下過於短小者，表示此人在升遷發展中難有前途，如要自行創業，則如扶不起之阿斗，必然破敗百出，賠錢又惹禍。

鼻小面大：鼻小面大，或鼻瘦面形肥的人，不能獨當一面，否則一生多敗，財難入庫，勞多獲少。如改行從事軍公教職則也難掌正權，並往往會把功勞歸於他人，過錯則歸於自己，受人欺壓而又一籌莫展。

鼻孔大：如鼻子小而鼻孔大，或者鼻翼很明顯地一大一小，表示這人的情感理智和理財觀念有問題，容易意氣用事，一生破敗少成，難聚錢財，最遲五十歲後必貧窮度日。

上唇有鬍：鼻子如果過小，再加上人中細窄，表示此人一生事業多波折而少收穫，而且財運和健康都不理想，不過上唇有鬍者可以稍稍挽救劣勢。

大而挺：鼻子很大，鼻樑骨很高挺，這樣的人很幸運，關鍵時候總會有貴人幫助，加上自身的努力，很容易就會成就一番事業。

酒糟鼻：這種鼻子外形很難看，並且發紅，心裡常常隱藏難以言說的痛苦，健康度比不上正常人，做事情往往也沒有條理，很難為他人認同。

鼻子的「表情」透視

皺起鼻子的表情再加上一種嚴肅的面容，表示出一種厭惡和輕蔑的態度，從根本上講是一種傲慢、不屑一顧地對待別人的態度。

在某些人中，鼻子兩邊有明顯皺痕的特徵，可能在一定程度上反映了他們認為世界是醜惡的思想。

想像一下這樣一種表情：那些鼻子朝天神氣活現而又不直接正視別人的人。這些人不是不想和你交往，就是希望佔你的上風。這樣一種姿勢表示出一種傲慢的態度，希望看你的頭頂而不是與你的目光接觸。公關專家提醒，得小心提防有這樣行為表示的人！

大鼻子與小鼻子

從神經內分泌學的基礎來看，腎上腺素和去甲腎上腺素往往使鼻孔張開。

就力量和洞察力方面來講，拿破崙說，「給我這樣一個人，他的鼻子應該長得碩大豐滿……每當我需要找別人完成任何有用的腦力工作時，如果沒有其他合適的人選，我總是選一個鼻子長得長長的人。」

人們通常把有碩大、有力的「高鼻樑」的鼻子看成是有勢力的人物或者凌然不可冒犯的人的象徵——「他生著一副追求權勢的鼻子」。「專橫」一詞來源於「神聖羅馬帝國」，與「羅馬」鼻子有關。

此外，稍微有點大的鷹鉤鼻其形狀就像老鷹嘴一樣，鷹是身著羽毛的王國中身體最大、最兇猛、最有力的鳥類之一。鷹是美國的象徵，這可能是為了表示力量。我們還注意到澳大利亞的象徵是雙鷹。

整體來說，男人的鼻子比女人的大。如果某個女子的鼻子、下巴特別大，那很可能是由於體內的睾丸酮成分過多的緣故，而且可能具有爭強好鬥的性格。

人們通常認為漂亮的、嬌柔的女子是以漂亮的小鼻子為特色的——翹起的獅子鼻、鈕扣形的鼻和上翹的翹鼻子。但是，目前沒有普遍證明生有獅子鼻的女子就缺乏爭強好鬥的精神或競爭實力——你可能注意到某些女高級官員、女政治家和女社會活動家，她們生著的就是一副小鼻子，但是其自尊心和能力都很強。同樣，也沒有證據證明鼻子大的女子其能力或人格就一定很強。

不開口，也知其心

嘴能發出聲音，是我們與外界交流的一種主要的器官。醫學研究發現，從人嘴的大小、彈性，可以顯示出一個人的健康程度、行動力與生命力。此外，嘴部的慣常動作，也往往能影響一個人先天形成的嘴形，因此我們也能從嘴形窺探出一個人的內心思想。

嘴的類型

嘴按照形狀來分，可以分為以下幾種類型，同樣這些類型的嘴，也代表不同的內心思想：

仰月形：也稱新月嘴，唇角上揚，這種人性格開朗，情感豐富，有幽默感，性格溫厚。同時思路清晰，頭腦靈活，意志力強，工作行動能力強，所以他們總是能很快地找到自己合適的工作，總讓其他人感覺很羨慕。

伏月形：此種嘴型唇角下垂，擁有此種嘴型的人性格謹慎，但有些冷峻，脾氣怪異，和人不太容易相處，並且好怨天尤人。其實這種人懷有很強的體貼心，只是因為其怪異的性格而難以表現，因此這種人的人緣也不是很好，總是獨來獨往居多。

四字形：此種嘴型似長方形四字一般，上下唇均厚。這種人個性強，老實忠厚，有正義感，性情溫和；在工作方面有文才，頭腦好，是一種比較容易成功的嘴型。

一字形：上唇與下唇緊閉呈一字型，是一種有信念、意志力強的表現，也是身體健康、認真中有點頑固的標誌。

修長形：嘴形修長，具有性格明朗、誠實守信的好人品，懂得人情世故，社交能力強，是一個個性圓滿的形象。

承嘴形：承嘴是下唇突出，似乎是承住上唇一般。這種人愛講歪理，並且猜忌心重，任性自私，因此也較難得到上司的賞識和提拔，唯一的優點就是忍耐力強，能夠忍別人所不能忍，這也是一個成功的基本要素。

蓋嘴形：蓋嘴是上唇突出，蓋住下唇的嘴形，正好和承嘴相反，而其代表的性格也與承嘴所代表的性格相反，擁有這種嘴形的人是講道理、有義氣、個性強的人，有比較完美的人格形象。

嘟嘴形：嘟嘴形好比用嘴吹火般的嘴形。這種人個性很強，有獨立的性格，但不免有時候粗野、頑固，並因此影響人際關係，好說閒話，因此與別人的紛爭也不會太少。

嘴型雖然不能很完全地表露一個人的內心世界，但也有一定的道理，在根據嘴型進行判斷的時候，最好能根據嘴的變化，這樣會看得更準確一些。

透露秘密的其他細節

額頭與胸懷

額頭是最能顯示人的臉部輪廓的部位。額頭大的臉型看起來輪廓較大，五官明顯，給人的印象深刻；有一句話說「將軍額頭能跑馬」，做大事的人總是需要一個包容心，能夠容納別人或者包容錯誤的人才有機會成功，這也是人們通常所說的胸懷。

胸懷的寬廣度也是一個人的事業限度，如果心中容不下異類，聽不進別人的不同意見，不會和敵人共存，很難想像這樣的人會取得成功。心胸狹窄的人，眼裡容不下一粒沙子，不允許別人有一絲一毫的錯誤，得失心很重，不能接受批評，這樣的人只能活在自己的世界裡，不具備成就事業的基本素質。

《史記》有言：「大行不顧細謹，大禮不辭小讓」，胸懷寬廣的人總是不拘小節，能夠隨時把眼光控制在大目標上，讓小事情為大事情服務。胸懷坦蕩者一般具備以下幾個特徵：

視覺印象分明，輪廓突出，自然隨意，沒有猶豫不定的感覺。額頭較高的人一般智商很高，很聰明；額頭眉骨凸現的人有一股傲氣，不服輸，喜歡爭鬥；額頭寬闊給人感覺大氣，容易為別人接受，達成一致意見，這種人往往成為一個團體裡的領導者，或者是後備的領導幹部。

視野的關注點總是集中在自己的理想或者目標上，不會斤斤計較於日常瑣事。要成就大事首先需要一個「種子」和環境，種子就是人的理想，環境就是適合種子生長的人的素質，其首要的就是人的胸懷和氣度。所謂要取得天下要先有容納天下的氣度，就是這個道理。

具有樂觀的人生態度，不會讓小事情主導自己的心情。心胸寬廣的人往往會對人生抱一種積極向上的看法，很達觀，可以嫻熟地駕馭自己的心情。

頭髮與性格趨向

頭髮是人體很重要的裝飾品，從中也可以看出人的性格趨向。

頭髮粗直、硬度高的人：為人豪爽，行俠仗義，不拘小節，對朋友總是以義當先，光明磊落，不會玩弄小聰明，並且是很好的患難之交。

頭髮濃密而且很黑的人：做事情有條理，很有智慧，懂得發揮據自己的長處，有理想，有抱負，是典型的事業型人才。

頭髮稀少，並且髮質很細：這種人心機很重，會打算，算計事情一絲不苟，喜歡把事情清理得很仔細，缺乏氣概和寬容心。

頭髮自然捲：這種人一般都有很強的個性，喜歡表現自己，常常給別人帶來意想不到的驚喜。

頭髮稍禿的人：做事情很勤奮，對待工作認真，對自己分內的事情具有很強的責任感。注重形象的人一般也很看重髮型，因為頭髮是人體一個很重要的部分，關係著人的整體形象。當然對於經常從事公共活動的人來說，保持一個得體的髮型更是必不可少的。

頭髮總是梳理得很齊整光亮：這種人很注重外在形象，甚至有點虛榮、愛面子，對事物也比較挑剔，喜歡吹毛求疵；有點完美主義傾向。

頭髮自然隨意，沒有明顯的修理：這種人對外表的東西不看重，喜歡內在的收穫，很多人都是工作狂，拼命工作，希望獲得上司的認可。

經常留短髮：這種人做事情乾脆直接，有些人可能會比較驕傲，常會滿足於自己的現狀；有些人看重自己的感受，以自我為中心。

喜歡趕時髦，留時尚髮型的人：喜歡他人的誇獎和表揚，總是想趕在事物的前面，年輕人表現會很前衛；中年人則很有活力，喜歡和別人溝通，有處理人際關係的良好技巧。

臉頰和下巴的性格信號

臉頰和下巴這兩個部位的配合，的確能夠給人與眾不同的感受。

通常下巴突出的人，具有豐厚的愛情欲望，而下巴凹陷的人，對愛情十分冷淡，或者愛情不專一。下巴發育良好的人，其精力絕倫，常常成為帶有英雄色彩的人物。

尖而狹窄的下巴。不論男女均有些神經質，在愛情上不盡如意。他雖然喜歡與異性共譜戀曲，但是在性生活方面表現冷漠，嚮往柏拉圖式的愛情。

下巴既狹且圓的人。是戀愛至上論的崇拜者。他們會為愛而生，為愛而死。如果是一位男性屬於這類型，他在行動能力方面可能會欠缺，不適於從事競爭激烈的財經界。因為這類型人的頭腦較為清晰，最好去從事文字類的工作，或許更有發展。

圓下巴。圓下巴的人，擁有美滿的愛情，如果是位女性一定非常顧家；如果是男性，性情一定溫和。這種人不僅是戀愛的勝利者，同時由於工作十分熱心，也經常身負重任。這種人具有仁愛之心，子女也很賢孝，可以享受一個幸福的晚年。圓下巴的年輕女子，性器官、骨盆等均極發達，因此生產也可以比較順利。

寬下巴。寬下巴人的性格比圓下巴的人性格要強硬些，他們對任何事物均會徹底加以研究，往往擁有我佛慈悲式的偉大愛情。雖然具有嫉妒心，但也兼有寬容的美德，不會由於激情而毀了自己。他們心中充滿了仁義。寬下巴的人是行動派，永遠不能無事可做。他們的個性常剛毅果斷，當他們有了一個意念時，一定會很堅決地一往無前，不論遇到什麼困難，都會堅持到底達到目的。這類型人富於進取心，不論是學者、實業家、政治家等，均能獲得極大成功。不過，這類人如果走錯了一步，他的性格便會一反常態，甚至從事破壞性的活動。

方下巴。方下巴的人是徹底的理想主義者，有時他雖然知道事物會對自己不利，但仍然有勇氣積極行動。有許多男性屬於這種類型。在戀愛方面他們也極頑固，一旦產生愛意，就會力排萬難，專心一致地努力追求。方下巴的男性中，許多人會被女性全心全意地愛上，成為幸運的豔福者。

雙下巴。有雙下巴的男女，通常愛情深厚，性情篤實，心地寬大。這種人財運亨通，他們並無激烈的慾念，也不脫離常規的範圍，是比較德高望重的。

第三章

用心觀察，肢體反映人們的心理

肢體動作，往往是最容易被人忽視的，「閱讀」別人內心的細節，對於細心觀察的公關專家來說，肢體細節是他們快速瞭解對方的重要手段。

肢體細節既包括手部細節、體型、站立姿勢等靜態因素，也包括微笑、嘴部動作、行走儀態等動態方面。體態語在表達意思時有一些最基本的規則，結合一些手勢與姿態，讓我們看看它會告訴我們什麼。

肢體細節顯示內心世界

和陌生人第一次見面時，要如何在一開始談話的幾分鐘內，瞭解這個人？這得依靠細心而入微的觀察力。當你和對方面對面接觸時，得隨時保持警覺，任何細節都不能放過。要觀察對方的臉部表情、雙手放的位置、坐姿、穿著打扮……更重要的是，要特別注意對方的行為是否出現異常。

有實驗發現，一個女人要向外界傳達完整的資訊，單純的語言成分只佔七％，聲調佔三八％，另外五五％的資訊都需要由體態語言來傳達，而且因為肢體語言通常是一個人下意識的舉動，所以它很少具有欺騙性。以下我們來看：

從肢體語言看出對方個性

身體動作除了顯示對方當下的狀態之外，很多時候也是個性的展現。以下是幾種常見的習慣動作，反映出特定的個性與行為模式：

喜歡眨眼：這種人心胸狹隘，不太能夠信任。如果和這種人進行交涉或有事請托時，最好直截了當地說明。

習慣盯著別人看：代表警戒心很強，不容易表露內心情感，所以面對他們，避免出現過度熱情或是開玩笑的言語。

喜歡提高音量說話：多半是自我主義者，對自己很有自信，如果你認為自己不適合奉承別人，最好和這種人劃清界線。

穿著不拘小節：通常代表個性隨和，而且面對人情壓力時容易屈服，所以有事情找他們商量時，最好是套交情，遠比透過公事上的關係要來得有效。

一坐下就翹腳：這種人充滿企圖心與自信，而且有行動力，下定決心後會立刻行動。

邊說話邊摸下巴：通常個性謹慎，警戒心也強。

將兩手環抱在胸前：做事非常謹慎，行動力強，堅持己見。

距離反映出來的資訊

人類學家觀察發現，人與人之間在面對面的情境中，常因彼此間情感的親疏不同，而不自覺地保持不同的距離。當兩個人溝通時，彼此熟悉者，就親近一點，彼此陌生時，就保持距離。如一方企圖向對方接近，另一方將自覺地後退，仍然維持相當的距離。

在圖書館或公共場所內，經常看到很多人，自己坐一個位子之外，企圖再以其攜帶的物品佔據左右兩邊的空的座位。此時肢體語言所表達的，是一種防衛外人侵入其個人空間時帶來不安的情緒。

你可以注意觀察他們的情緒變化：如有陌生人要求坐在他的旁邊，他就會感到不安，甚至起而離去；如有他熟悉的人到來，他會招呼對方，主動讓給對方左右的位子，而且他會因此而感到高興。

由肢體動作表達情緒時，當事人經常並不自知。當我們與人談話時，時而蹙額，時而搖頭，時而擺動手勢，時而兩腿交叉，我們多半並不自知。正因如此，心理學家提出一個如下的假設：當你與人說真話的時候，你的身體將與對方接近；當你與人說假話的時候，你的身體將離開對方較遠。

這個假設驗證的結果發現：如果要求不同受試者，分別向別人陳述明知是編造的假話與正確的事實時，說假話的受試者會不自覺地與對方保持較遠的距離，而且顯得身體向後靠，肢體的活動較少，只有面部笑容反而增多。

雙腳動作比臉部表情更可靠

一般我們在觀察人時，習慣第一眼就看對方的表情，其實「臉部表情可以裝，但是很少人知道如何偽裝雙腳的動作」。

其中一個線索就是雙腳朝向的方向。根據許多針對法庭行為的研究顯示，如果法官不喜歡某個證人，通常會將雙腳朝向他們之前走進法庭時的大門。

同樣地，當你和某個人說話時，如果對方的雙腳朝向某個方向，而不是正對著你，就代表他想要結束這場對話。

如果對方突然雙腳（腳踝之處）交叉，就代表他有些緊張或是覺得受到威脅。

如果對方將身體往後移，然後翹腳而坐，這就是自信的表現，代表情勢對他非常有利。

觀察不尋常的動作

人在緊張或是有壓力時，常會不自覺做出某些動作：

觸摸或按摩頸部：我們的頸部有許多神經末梢，只要稍加按摩，就可以有效降低血壓與心跳速度，消除緊張。另外，按摩額頭或是摸耳垂，也都是一般人緊張時會出現的動作。而如果男生不時調整領帶，或是女生玩弄頸上的項鏈，也代表同樣的意思。

深呼吸或是話變多：深呼吸是立即平緩情緒的最簡單方法，因此當你看到對方深呼吸，就知道他可能在壓抑自己的情緒。或是在過程中對方不太愛說話，卻突然話多了起來，也代表他的情緒開始變得不穩定。

用手放在大腿上：緊張時我們也會不自覺地雙手放在大腿上來回摩擦，試圖平緩自己的情緒，因此這個動作也是另一個重要的線索。此外，有時候對方動作快速，決定很果斷，通常這麼做的目的是為了掩飾自己的沒信心。真正有自信的人會深思熟慮，而不是不假思索就做出決定，急著展現自己的信心。

當你觀察到以上的行為時，就可以依據情況決定自己是否要趁勝追擊，迫使對方答應你的要求，或是說些話讓對方放鬆，以利於接下來的交談。

多搜尋其他周邊線索

以上介紹了很多細節。不過，外表只是線索之一，你還可以從其他不同的來源，搜尋關於對方的重要資訊。

以下，我們整理出一些體態語的基本意義供你參考：

【人際交往中，攻心爲上！】

■說話時捂上嘴（說話沒把握或說謊）。
■搖晃一隻腳（厭煩）。
■把鉛筆等物放到嘴裡（需要更多的資訊、焦慮）。
■沒有眼神的溝通（試圖隱瞞什麼）。
■腳置於朝著門的方向（準備離開）。
■觸摸鼻子（反對別人所說的話）。
■揉眼睛或捏耳朵（疑惑）。
■觸摸耳朵（準備打斷別人）。
■觸摸喉部（需要加以重申）。
■緊握雙手（焦慮）。
■握緊拳頭（意志堅決、憤怒）。
■手指頭指著別人（譴責、懲戒）。
■坐在椅子的邊側（隨時準備行動）。
■坐在椅子上往下移（以示贊同）。
■雙臂交叉置於胸前（不樂意）。

■襯衫紐扣鬆開，手臂和小腿均不交叉（開放）。

■小腿在椅子上晃動（不在乎）。

■背著身坐在椅子上（支配性）。

■背著雙手（優越感）。

■腳踝交叉（緊張）。

■搓手（有所期待）。

■手指扣擊皮帶或褲子（一切在握）。

■無意識地清嗓子（擔心、憂慮）。

■有意識地清嗓子（輕責、訓誡）。

■一個人有太多如下的體態語時可被認為是在說謊：眨眼過於頻繁、說話時掩嘴、用舌頭潤濕嘴唇、清嗓子、不停地做吞嚥動作、冒虛汗和頻繁地聳肩。

體型是重要的衡量標準

體型，是指人的身材體態和高矮胖瘦，它是人最明顯的外部生理特徵之一。體型與人的性格、心理相關的觀點在日常生活中是很流行的，在古代的「相面術」中就常常把人的性格、心理和人的外部相貌、體型特徵連結起來。二十世紀西方學術界對此也多有探討，然而這些研究結果往往對與研究樣本有相同社會環境和生活經歷的人群非常有效，並不適用於所有的人。

體型的四分法與性格心理

德國精神病醫生克雷奇米爾（E.Kretschmer），在上世紀二〇年代首先將體型與性格心理連結起來，進行了系統研究。他確定了四種基本體型：矮胖型、瘦長型、強壯型、異常型。他指出不同體型者有不同的性格和心理，而且發現不同體型的人易患的病症也不相同，其結論大致如下：

矮胖型：其氣質是躁狂性的，具有外向的性格，易患躁狂抑鬱症、高血壓、高血糖等，心理特點急性、快速。

瘦長型：具有分裂氣質，性格內向、順從、膽小害羞、偏執，易患精神分裂症，心理趨向封閉、自我。

強壯型：具有黏著氣質，有衝動性行為，癲癇病人中絕大多數屬這個類型，心理傾向搖擺不定。

發育異常型：有憂鬱氣質，性格軟弱，心理極端封閉，與世隔絕。

體型的四分法與人的性格判別

根據德國精神學者的性格判別方法，大致可以依據以下四種體型來分析人的性格：

肥胖型而脂肪質厚的型態

脂肪質而肥胖型的體型之特徵，是胸部、腹部和臀部十分寬厚。因腹部附著脂肪，所以從整體看來，像是有很多肉。一般說來，中年是最容易肥胖的年代。

和這種體型的人接觸，你可以感受到對方開放而濃郁的人情。這種人日常十分活躍，一旦被人奉承時，任何事情均願代勞，雖然口頭上總說「很忙」，但事實上，終日感受著忙碌的樂趣。這種人偶爾也會忙裡偷閒，是一個風趣的人。

這種人兼有開朗、積極、善良、單純的多重性格，快活、幽默；另一方面，這種人具有穩重和正反兩面的性格，特別表現在歡樂和苦悶的時候。

如果你和這種人或這種上司交往，因為他們會是開放的社交人士，因此在你們初次見面的那一瞬間，即能一見如故、相談甚歡。

略帶纖瘦而肌體結實的型態

這種體型略嫌纖瘦，但體態結實，自我意識特別強烈，而且很固執，對任何事情都表現出挑戰意味。有強烈的信念，滿懷信心，不論遇到怎樣的苦難，都秉持成功的目標去努力。

這種人有強烈的信心，加上判斷靈敏，做事果斷，在商業方面實在是前途無量。相反的，當這種信念誤入歧途時，就會變成專制、高傲、猜忌、蠻橫，而且表露無遺。一旦一個念頭纏在腦子裡，想要更改也非常困難。

這種型態的人缺乏魅力，卻是一個有能力且有相當權力的人。

與這種人交往時，絕不能與之相互對立。這種人具有競爭性、攻擊性，直至自己被別人認為正確為止，否則會拼命主張自己的觀點。

纖瘦型的型態

此類型者，是很難應付的人。若為女性，性格剛強，一旦發怒後果將不可收拾。

這種類型的人特徵是冷淡、冷靜，然而性格複雜且無法適當表明立場。因為這種人有相互矛盾的分裂性格。比如對於幻想興致勃勃，保持快樂的一面，不喜歡被人探出隱私，而且心事彷彿用冷酷的面罩罩著。對於這種人，有人會因不喜歡而視之為平凡的朋友交往，有人感覺到這種人具有不易接近的貴族性，具有特殊羅曼蒂克的氣氛。

這種人對無關緊要的事固執己見、乖癖、不變通、倔強，並且呆板。這類人因為性格、作風比較纖細，其優點是對文學、美術、手藝等興致盎然，而且對關注的事物有敏銳的感覺。他們捨得拿出自己的財產，盡力為大眾服務。在社交上，具有非常優雅的手腕。

與這種人交往時，應瞭解對方性格、作風纖細而且善良的特點，他們屬於採取慎重生活態度的人。對方如果表現猶豫不決，你必須耐心等待。

筋骨強壯而結實的型態

筋骨強壯而體格結實是堅韌質型態的人。這種人筋肉和骨骼發達、肩膀寬大、脖子粗，故從事體育競賽和土木建築方面的工作，可望出人頭地。然而，在公司、銀行當經理的人也會有這種型態的。他們做事認真、踏實，當公司或銀行裡的經理是最恰到好處的，這是堅韌人的第一特質。

你的同事中，如果有人經常把抽屜整理得很乾淨，或應當發出去的信絕對不會忘記，字也寫得端端正正，他應該是典型的具有堅韌質的人。

第二特徵是情意濃厚、注意秩序，而且過著踏實的生活。

第三特徵是動作慢「半拍」，此特徵在交談間會表露無遺，連寫信也是形容詞用得很多。

接照以上所說的各點，這種人雖很可靠，但唯獨因缺乏情趣而有些呆板。這種人比較固執，對任何事情都很刻板地去想。因此與這種人打交道時必須知其性情，要經常與他們交談，溝通思想並熱情相待。

體型與人格類型

二十世紀四〇年代，美國醫生謝爾登（W.Sheldon）繼承並發展了克雷奇米爾的理論。他區分出三種體型：內胚層型（柔軟、豐滿、消化器官發達）；中胚層型（肌肉發達、強壯有力）；外胚層型（瘦長、虛弱、神經系統敏感）。由此，他劃分出三種人格類型：

內胚層型佔主導的人：為「內臟優勢型」，其特徵是悠閒、好吃、行為緩慢、喜社交、寬宏大量，其心理特徵為平和、善解人意。

中胚層型佔主導的人：為「身體緊張型」，其特徵是自信、大膽、健壯、精力充沛、冒險衝動，心理特徵為任性、剛愎。

外胚層型佔主導的人：為「大腦緊張型」，其特徵是內向、拘謹、膽怯、不好社交、工作熱心負責、愛好藝術，心理特徵為懦弱、穩重有餘。

手是人們的第二張臉

手，就是人的第二張臉。曾有人說，要看一個女人是否養尊處優，只要看她的手就足夠了。手能說明很多東西，並且不像臉那樣經常加以偽裝。它們不只揭示一個人的性別、年齡，而且更能揭示一個人的性格、意圖。觀察一個人的手，會對你瞭解那個人產生重大的意義。在這裡，我們將談論各種類型的手，以及它所刻畫出的主人的性格和意圖。

魅力之手

這種修長、柔軟類型的手，是天然所生的，它不會被創造，也不會被整型，它只能是一脈相傳的。它和主人的氣質是一致的，是與生俱來的。沒人能否定它對主人個性的表現。它並不代表主人是否有錢有勢，但它確實能說明主人不屈不撓的氣質。它並非炫耀主人的門第，但它的確能說明它主人的職業和個性。它向世界展現的，不僅是主人對事業的巨大投入，也是對感情和家庭的投入。當然，這並不說明這個人對情感就忠貞不渝。它的主人是帶有情緒去投入感情的，甚至是帶著幻想去投入或接受感情的。就像對傳說中的經典愛情頂禮膜拜一樣。

有這種手的人喜歡典雅的東西，對古典音樂、建築、繪畫充滿敬仰之情。這種手是藝術之手。

然而，這種人對待自己的實際工作，熱情有餘，毅力不足，欠缺非功利性的原始投入感，所以接受不了失敗的打擊。

肥胖之手

人們總是喜歡胖乎乎的東西。它踏實、可愛、給人以信賴感。但是，這種並無魅力的手，在別人面前很少顯露，甚至多少帶有一點自卑的意味。

隨著時間的流逝，顯露出有這種手的人穩重及成熟的性格。這種人的嗜好並不多，他只表現對傳統的熱愛，聽古典音樂，喜歡爵士樂，對熱門勁歌不感興趣，認為它擾亂了生活和井然有序的內心世界，所以他會拒絕接受流行的東西。

這種人一直認為自己是能成大器的人，心願極大。在很多的時候，忽視了自己保守的一面。這就註定了他在面對新事物時缺乏冒險精神。因此，這種人的成就總是不很盡如人意。

磁器之手

有玉器般質地的手，是令人心醉的。當你遇見一位美人時，不僅是被她美麗的面容所打動，而且也會被她那雙妙不可言的雙手所折服。崇拜它，感歎世上有如此夢幻般的手。你相信它就代表高貴、華麗和難以企及的夢想。

它的型態無懈可擊，有玉器般完美無缺的質感，所以它無需戴過多華麗的手飾。當你深入接觸她以後，會發現她是一個頗為挑剔的人，她只注重自己的形象，對自己的動作有一套完整的模式。

這樣的人所擁有的衣物和首飾貴精不貴多，而且對搭配有與生俱來的直覺，甚至連最不起眼的小飾品也不肯輕意放過。

這類人顯然不會隨便追求人或接受追求。只是彼此無論在外貌或內涵上都能夠接受時，才會考慮相互間的感情。

在選擇朋友方面，這類人也像挑選首飾或衣服一樣頗為挑剔，從不亂選朋友，因此除非你也具備同樣的興趣和氣質，否則你是不會成為她考慮之列的。

它的確是雙高雅手，即使隨著時光的流逝，它也會像用舊的磁器一樣，滲透出淳厚的味道。接觸它和它的主人的確不是件容易的事。

強盜之手

看見這個標題，請不要大吃一驚，不是說有這種手的人都會做強盜。這種類型的手瘦削而細長，好動而靈活，充滿攻擊性。這就預示它的主人陰險、狡詐，不肯露出他的本來面目。他在裝扮自己的行為過程中，有一整套經驗。他不想讓人看穿自己的本質。把自己裝扮起來，使自己看起來具有某種氣質或形象，進而掩飾一些本人認為不夠理想或是見不得光的某些特性。

由於手指瘦削，而又不能像面部一樣去整形，所以，他就用一些昂或不昂貴的裝飾物來修飾自己的指形。

顯然，長得瘦削的人，給人的印象是貧窮、潦倒或並不富有。這樣的人為了裝扮自己的指形，就選擇昂貴的手飾，諸如名牌手錶，大鑽戒和笨重的手鐲等，進而顯示自己的富有。一個人是否有財富就得用昂貴的飾物來炫耀呢？這是見仁見智的事，不過有一點是可以肯定的，就是他很想掩飾掉自己單薄的形象，而讓別人覺得他有財富和地位，進而贏得別人的尊重和特殊的待遇。

不過，從他把金錢賦予如此重要的功能上來看，這個人屬於勢利眼，喜歡揣測別人的心思，投機取巧，經常受到上級的賞識而不斷得到提升。

【人際交往中，攻心爲上！】

由於對金錢有本能的欲望，他也經常揣測別人的財富，也就有「笑貧不笑娼」的心理。也許他不吝嗇，但幫助過別人後，應會大肆宣揚。當你碰見這雙瘦弱細長的手時，你恐怕並不願和它的主人打交道吧！它機警、靈敏，像它的主人一樣見風使舵。如果不得不和這雙手的主人來往，你一定要仔細留心。

坐姿可以顯露秉性

坐姿是人的一個生活習慣，凡是習慣總能表現出某個人的某些特徵。我們來看坐姿中是怎樣表現一個人的性格。

左腿搭右腿，雙手交叉放於大腿兩側

這類人通常有較強的自信心，堅信自己對某件事情的看法。即便與別人存在分歧，也不會輕易受到別人的影響。

他們天資聰穎，工作努力刻苦，總是能盡自己的最大努力去實現理想，遇到困難，想盡一切辦法去解決，絕對不輕易向困難低頭。雖然有這種「勝不驕、敗不餒」的品性，但當他們完全沉醉在成功的幸福之中時，也難免會忘記周圍人的感受，甚至有得意忘形之舉。

他們協調能力很強，有領導的才能和欲望，他們周圍的人也都心甘情願被他領導。不過這種人性情不專一，比較容易見異思遷，「這山看著那山高」。

右腿搭在左腿上，兩小腿靠近，雙手交叉放在腿上

這種人讓人第一感覺非常和藹可親，很容易讓人接近，其實不然，在別人找他談話或辦事時，他們總喜歡擺架子，一副愛搭不理的神情，甚至會讓你覺得很尷尬，以至於你不得不反思自己曾經做出的判斷。他們不僅個性冷漠，而且心機很重，對親人、對朋友，他們總要向人炫耀自以為是的各種心計，很多時候都聰明反被聰明誤，以致周圍的人都認為他們是心理不健全的那一類人。他們沒有耐心，做事總是三心二意，也不能全力以赴、腳踏實地去認真完成。

兩腿及兩腳跟併攏靠在一起，雙手交叉放於大腿兩側

這類人為人古板，性情自我、固執，不願輕易接受別人的意見，即便知道別人說的是對的，也願意固執地堅持自己的觀點。

他們都有完美主義傾向，凡事都想做得盡善盡美，因此做的都是一些可望而不可及的事情。他們愛誇誇其談，而缺乏求實的精神，做事缺乏耐心，哪怕只是短短十分鐘的會議，他們也會顯得極度厭煩，甚至反感。所以，在現實中，他們經常遭遇失敗。

他們對於愛情和婚姻也採取完美主義態度，因此都比較挑剔，自己辯解為考慮慎重，但事實不然。應該說是他們的性格決定了一切，在他們心中已經有了一個「模型」，如果和這個事先想好的「模型」有半點差距，他們就不會去爭取。

膝蓋併在一起，小腿分開成「八」字樣，兩手掌相對，放於膝蓋中間

這種人性情比較內向，容易產生害羞、膽怯、忸怩的心理。如果是女性，表明她們缺乏信心，因此在社交場合，一般很難見到這種人的身影。他們感情細膩，雖不溫柔，但常常會給人一種莫名的驚喜。

他們是保守型的代表，對時尚有一種莫名的排斥。在工作中他們習慣於用過去成功的經驗做依據，因循守舊，常常有驚惶失措的感覺。不過他們對朋友的感情是相當真誠的，每當別人有求於他們的時候，他們就肯定會效勞。

敞開手腳而坐，兩隻手沒有固定擱放處

這是一種開放式的坐姿。這種人可能具有主管一切的偏好，有指揮者的天分或支配性的性格，也可能是性格外向，不拘小節，甚至是不知天高地厚。

這種人生性好奇，喜歡追求新鮮事物，偶爾也會成為都市潮流的「先驅」。他們喜歡標新立異，對於普通人做的事不會滿足，總是想做一些其他人不能做的事。

喜歡這種坐姿的人，最喜歡和人接觸，而他們的人緣也確實很好，而且他們不在乎別人對他們的批評，始終堅持按照自己的性格生活。

踝部交叉而坐

這是一種控制消極思維外流、控制感情、控制緊張情緒和恐懼心理、表示警惕或防範的人體姿勢。

這種人一般性格內向，外表謙遜，幾乎封閉了自己的情感世界，即便是和自己特別傾慕的人在一起，也不敢有半點的語言表白，更看不到一絲親熱的舉動，對於感情奔放的人來說，實在是難以忍受。

在工作上，這種人踏實認真，雖然工作能力欠佳，卻可以埋頭為實現自己的夢想而努力。

喜歡側身坐在椅子上

這種人可能只為了心裡感覺舒暢，不想刻意給別人留下什麼好印象。他們往往是感情外露、不拘小節者。

身體盡力蜷縮、雙手夾在大腿中而坐

這種人往往自卑感較重，謙遜而缺乏自信，大多屬服從型性格。

落座時的動作行為，透露人們的心理狀態

其實，不僅坐姿可以反映出人的性格，就是落座時的動作行為、方式也可以透露一個人當時的心理狀態。

在別人面前猛然而坐

很多人都以為這是一種隨隨便便、不拘小節的樣子，其實不然，這個舉動恰恰反映出此人心神不寧或有不願告人的心事，因此以這個動作來掩飾自己的抑制心理。

坐在椅子上搖擺不定，或不斷抖動腿部，或用腳尖拍打地面

說明此人內心的焦躁不安、有點不耐煩，或為了擺脫某種緊張感而為之。與你並排而坐的人，如果有意識無意識地挪動身體，說明他想要與你保持一定距離，可又礙於面子不便挪動。

舒適而深深地坐在椅內

這種坐姿表示他有心理優勢。所謂坐的姿勢，是人類活動上的不自然狀態，在心理學上常稱它為「覺醒水準」的高度狀態，隨著緊張的解除，此「覺醒水準」也會因而降低。因此腰部是逐漸向後拉動，變成身體靠在椅背、兩腳伸出的姿勢。由於此種姿勢並非一旦發生何事立即可以起立的姿勢，因此這是認為跟對方不必過分緊張之人所採取的姿勢。

將椅子轉過來、跨騎而坐

這種人一般自我意識比較強，總想唯我獨尊，稱王稱霸。或者是當人們面臨語言威脅時，或對他人的講話感到厭煩時，想壓下別人在談話中的優勢而做出的一種防護行為。

喜歡面對著別人坐

這類人應該比較好相處，因為他們希望自己能被對方所理解。

斜躺在椅子上

說明他比坐在他旁邊的人更有心理上的優越感，或者處於高於對方的地位。

直挺著腰而坐

是表示對對方的恭順，也可能表示被對方的言談所打動，或表示欲向對方表示心理上的優勢，這些要視當時情況而定。

始終淺坐在椅子上

這是一種處於心理劣勢的表現，而且欠缺精神上的安定感，也是缺少安全感的表現。因此，對於持這種姿勢而坐的客人，如果和他談論要事，或託辦什麼事，還為時過早。因為他還沒有定下心來。

站姿走姿，揭示性格

不只是坐姿，站立姿勢和行走姿勢，也可以適當的反映出一個人的性格特徵。

站姿可以顯示出一個人的性格特徵

站姿也能極大反映出一個人的性格特點，每個人都有自己習慣的站立姿勢，不同的「站姿」可以顯示出一個人的性格特徵。心理學家經過統計和分析發現了以下規律：

站立時習慣把雙手插入褲袋的人：城府較深，不輕易向人表露內心的情緒。性格偏於保守、內向。凡事步步為營，警覺性極高，不肯輕信別人。

站立時常把雙手置於臀部的人：自主心強，處事認真而絕不輕率，具有駕馭一切的魅力。他們最大的缺點是主觀，性格頑固。

站立時喜歡把雙手疊放於胸前的人：這種人性格堅強，不屈不撓，不輕易向困境壓力低頭。但是由於過分重視個人利益，與人交往經常擺出一副自我保護的防範姿態，拒人於千里之外，令人難以接近。

站立時將雙手握置於背後的人：性格特點是奉公守法，尊重權威，極富責任感，不過有時情緒不穩定，往往令人莫測高深，最大的優點是富於耐性，而且能夠接受新思想和新觀點。

站立時習慣把一隻手插入褲袋，另一隻手放在身旁的人：性格複雜多變，有時會極易與人相處，推心置腹。有時則冷若冰霜，對人處處提防，為自己築起一道防護網。

站立時兩手雙握置於胸前的人：其性格表現為成竹在胸，對自己的所作所為充滿成功感，雖然不至於睥睨一切，但卻躊躇滿志，信心十足。

站立時雙腳合併，雙手垂置身旁的人：性格特點誠實可靠，循規蹈矩而且生性堅毅，不會向任何困難屈服低頭。

站立時不能靜立，不斷改變站立姿態的人：性格急躁、暴烈，身心經常處於緊張的狀態，而且不斷改變自己的思想觀念。在生活方面喜歡接受新的挑戰，是一個典型的行動主義者。

公共汽車上的站姿心理學

如果是在公共汽車或者電車上站立，也可以透過一個人抓吊環的方式來判斷其性格：

不抓吊環，而僅抓環上的皮革的人：可以說是有點潔癖，他覺得環圈任何人都拉，一定有細菌。

只用指尖勾住吊環的人：其獨立自主心極強。如果是男性，他個性比較高傲，雖然他有時也聽別人的話，但絕不附和雷同。

緊握吊環的人：喜歡將手與吊環完全接觸，如此他可以獲得掌握感。他的獨佔欲比他人強烈得多，同時他也十分希求安定。

一隻手抓兩個吊環的人：其依賴心很強，或是意志薄弱，或是他已非常疲勞了。

用指尖捏著吊環的人：無論電車如何晃動，他都站得極穩，他的手指只不過是形式上的抓而已。他是非常慎重的人，不太依賴別人，同時做任何事考慮得都很周到。

雖然抓住了吊環，但是手卻不停地在動的人：這是有神經質的人，也表示出他內心十分不穩定。

走路姿態的心理學

看過了靜態的站姿，接著來看動起來的走路姿態：

走路時用大踏步方式進行的人：其身體非常健康，心地善良，此種人十分好勝而頑固。

走路姿態非常柔弱的人：精神也十分衰弱，即使他的體格很健壯。一遇到精神上的打擊就可能立刻崩潰。

拖著鞋子走路的人：抑或說是鞋跟磨損較嚴重的人，缺乏積極性，不喜歡變化，此外亦無特殊才能，生活容易受挫。不過，由足腳力學的觀點來看，此種姿態在醫學上有重大意義，關於這一點，我們將在後面加以詳細介紹。

以小快步伐行走的人：性情急躁，或許是由於腿短的原因所致。不過，走得太快，心情自然較為急迫。

愛邁大步且順著直線悠哉步行的人：獨立心很強，而且不太顧家。

行進時步伐零亂的人：其神經不太健全，通常會背叛其親長，或遭到破產的命運。

一面走路一面回頭看的人：其猜忌心與妒嫉心特別強烈。

步行時上身很小擺動的人：為長壽之相。同時，這種人也較具有蓄財之心。

走路時把右肩抬起來的人：是權威主義者。古代時的官吏大多屬於此類。

大家都知道，林肯是美國歷史上非常著名的總統，朋友評價他早期走路的姿勢「總是低著頭，猶如喪家之犬」，是屬於非常柔弱的人。我們以上說過這類人命運坎坷，而且遇到精神上的打擊容易崩潰，易患神經衰弱等精神疾病，事實上也確實如此：一八三一年，林肯做生意失敗；一八三二年，競選州議員失敗；一八三三年，再一次嘗試做生意失敗；一八三五年，妻子去世。這一系列的事情，對他的打擊很大，到了一八三六年林肯便被診斷為神經衰弱。不過，林肯透過自己的不懈努力，最終當選為美國第十六任總統，也算是老天對他的公平之處。

行走動作可以說是一個人內心世界的反映，同時，也會對一個人的命運起到一定的影響。公關專家發現，那些已經成功的人，大多大踏步走路，眼睛目視前方，堅定有力。如果你想改變自己的命運，也可以先從走路姿勢做起。

表情蘊含無窮玄機

表情是無聲的語言

表情是人生來就會運用的：小孩子哇哇大哭，代表他不舒服，哈哈大笑又說明他高興快樂。伴隨著年齡的成長，人的表情越來越豐富，所產生的作用也越來越大。語言和表情能正確的配合，才能達到理想的溝通效果。

透過一個人平常說話時伴隨著的表情，也能大致推測一下這個人屬於什麼性格。說話時眉飛色舞、表情豐富的人可能感情豐富，樂觀活潑，熱情大方，屬於性情中人，情緒波動較大，好動不好靜，對事情會全力付出，不計後果，但一旦遇到挫折很容易失望或沮喪。而說話不動聲色的人，城府較深，喜怒不形於色，深沉穩重，通常較為理性，對待事物能夠冷靜主動，分析問題比較全面，有很好的計畫性。

每個人都有一副獨特而不容混淆的臉相，而在這些獨特的臉相中，隱藏著各種各樣的表情，表情是情緒的外部表現，是由軀體神經系統支配的骨骼肌運動，是感情活動的外顯行為，反映的是人的心理。

表情是無聲的語言。當人們交往時，不管是否面對面，都會下意識地表達各自的情緒，與此同時也注視著對方臉部的各種表情。而在幾乎所有的生物中，人的臉部表情是最豐富、也是最複雜的。正是這些豐富的臉部表情，使得人們的社交變得複雜而又細膩深刻。

表情具有相當的欺騙性

心理學家曾經做過一項實驗：他讓一些人表現憤怒、恐怖、誘惑、無動於衷、幸福、悲傷等六種表情，再將這些錄製後的表情放映給人看，讓他們猜何種表情代表何種感情，結果讓人大吃一驚，猜對的平均不到兩種。這說明雖然表情對揭示性格在很大程度上有一定的可取性，況且表情相對於語言來說，更能傳遞一個人的內心動向，但要在瞬間透過表情勘破人心，實屬不易。

人們在生活中無聲無息地學會了很多方法來掩飾自己的內心，也知道了在何種情況下該掩飾什麼樣的表情，比如說在生意場上，最主要的就是要掩飾急躁、不耐煩的表情，如果你一旦被對方窺破，將會被認為你根本就沒有誠心跟對方合作，因此你的信譽度將受到嚴重的傷害，可是誰知道你僅僅是想早點結束會面去參加宴會。

因此在許多時候，人們都會「面無表情」地跟你對話、交流，輕易不肯露出自己的想法，通常這麼做有三個理由：一是敢怒而不敢言；另一種是漠不關心；第三種是根本沒有放在心裡。也可能結果正好是相反，只是對方不願讓你看出來而已。

臉上的表情跟內心的情緒正好相反，原因是人在潛意識裡不願讓對方看出自己心理的變化，所以會以其他表情來阻止情感的「外洩」，刻意隱瞞自己的喜怒哀樂。這不是說這些表情不能從臉部表現出來，而是真的那麼做，將會嚴重地影響正常的社會活動。

能洞察面部表情的心理高手

在很多情況下，如果你不經過相當程度地對人們內心活動的研究，就不容易探視出對方的真實心理。但在高明者看來，也許不費吹灰之力，他們認為每個人的臉上都掛著一張反映自己生理和精神狀態的「海報」。

在中華五千年的歷史長河中，不乏這種高手，淳于髡就是其中一位。

梁惠王雄心勃勃，廣納天下賢才。有人多次向他推薦淳于髡，因此梁惠王頻頻召見淳于髡，每一次都摒退左右與他傾心密談。但前兩次淳于髡都沉默不語，弄得梁惠王很難堪。事後梁惠王責問推薦人：「你說淳于髡有管仲、晏嬰的才能，我怎麼沒看出來，他只是沉默不語，我看你是言過其實。」

推薦人以此言問淳于髡，他聽了只是笑笑，回答道：「確實如此，前兩次我都沉默不語，但我不是故意的，而是另有原因。我也很想和梁惠王傾心交談。但第一次，梁惠王臉上有驅馳之色，想著驅馳奔跑一類的娛樂之事，所以我就沒說話。第二次，我見他臉上有享樂之色，是想著聲色一類的娛樂之事，所以我也就沒有說話。」

推薦人將此話告訴梁惠王，梁惠王回憶當時的情景，果然不出淳于髡所言。至此他不禁佩服淳于髡的識人之能，也終於相信推薦人所言，開始重用淳于髡。

淳于髡正是利用梁惠王的面部表情洞察了他心裡的想法，也就因為這樣贏得了梁惠王的尊重和佩服。你若能深諳此道，在人際交往中也就能無往而不勝。

見微知著的小動作

中國古代有一句名言：「人需要接近看看，馬需要騎著看看。」透過對身體小動作的詳細觀察，可以進一步看出對方的性格。比如，喜歡挺胸的人肯定充滿自信，心態健康而積極。喜歡縮胸的人肯定不那麼自信，或者天性羞澀，人生觀相對消極。

手的小動作

手可以充分表達感情，人類的手指十分靈敏，可以感覺到非常微弱的振動。我們也習慣於在說話的同時比劃，或者完全用手勢來表達感情，有時一個溫柔的愛撫勝過千言萬語。原始人類曾經用全身各個部位的肢體語言進行交流，在有了口頭語言之後，最初的肢體語言都逐漸被淘汰，除了手勢。

現代科學研究證明，手是人體中觸覺最為敏感、肢體動作最多的地方，所以觀察一個人說話時手的姿勢變化，往往能及時捕捉到他發出的各種資訊。

例如十指交叉，這是一種典型的本能型防衛姿態，說明他可能受過嚴重的傷害，存在一定的心理陰影，而雙肘支撐雙手交叉，則展現著一種充滿自信的心理狀態。將十指相對做成尖塔形狀的人，說明他只是對你所說的話，而絕不是對你這個人產生興趣，但若是用手觸摸耳朵，表明他對你所說的話缺乏基本的信任。有些人如果不停地用手觸碰鼻尖，是他內心猶豫不決，未能做出明確決斷時常見的肢體語言。而用手搔頭提示他這時已經出現煩躁不安；用手捂嘴則是他想掩飾自己的真實想法；用手在面部撫摸表明他對談話的內容心不在焉、沒有任何興趣。

頭部的小動作

習慣頭部上揚的人通常自視甚高、傲慢而自我，或許是因為他們的條件一般都不錯。

頭總是低俯的人通常內向而溫柔，雖然有時顯得缺乏激情，但是能細心體貼地關照別人。

頭部側偏的人通常充滿好奇心，但偏於固執，同時他們往往也缺乏忍耐力。

嘴部的小動作

人們總是以為，眼睛是一個人情緒的全部表現，其實不然，嘴巴也是重要的表現工具。

嘴巴有四種基本運動方式：張開閉合，向上向下，向前向後，抿緊放鬆，可以畫出多種嘴角弧度，而不同的嘴角弧度也形成了不同的嘴部動作。而這些豐富的嘴部動作，也反映出了一個人的性格特徵和心理態度。

嘴巴動作中最典型的是笑，這是人類最美麗的動作，也是最能觀察對方情緒的一個動作。不同的人有不同的笑法，嘴部的動態會有所差異。

首先，從笑的特點來分析一個人的性格：

狂笑，嘴兩端猛向上方翹：這類人精於社交，性情溫和，能讓對方感到親切，具有冒險精神和積極作風，樂於助人。最適合做秘書工作，善於處理繁雜事務，越繁雜反而越覺得有趣。

開口大笑，嘴兩端成平：這類人的性格粗獷，不拘小節，行為大方。但缺乏一定的耐心，一遇到困難，就知難而退，容易讓人產生做事虎頭蛇尾的誤解。這種人可能會在經商方面有所建樹。

微笑，嘴兩端稍下垂：這類人性格內向，不善言語，與人交流存在一定的困難，但注意細節，喜歡對對方言語進行分析，唯一不足的就是做事時常半途而廢，也因此難達願望。但他們在手工藝、縫紉等技能方面很拿手，外語亦佳。

眯眼笑，笑時嘴兩端向下，幾乎不開口：這類人的性格倔強固執，對周圍人不夠坦誠，有時明知其事但假裝不知而不與人語，也往往因為這個而吃虧。性情還算和氣，一旦不悅即大發脾氣。他們多才多藝，有理想、抱負，但不願與人合作行事，因此也就很難成功。

這僅僅是從「笑」這個動作來觀察，當然不是非常全面。以下，我們從一般的嘴角弧度來判斷一個人的性格和內心世界：

嘴抿成「一」字形的人：其性格堅強，是一個實幹家的形象，交給他的任務一般都能圓滿地完成，並因此而得到上司的賞識，有較多的機會得到升遷和提拔。

喜歡把嘴巴縮起的人：做事認真仔細，是一個好幫手，但不適合做領導階層，因為疑心病很重，不容易相信下屬。另外，這種人還容易封閉自己。

嘴角稍稍有些向上：這種人頭腦機靈，性格活潑外向，心胸也比較豁達，能與人良好相處，很隨和，是一個標準的紳士。

交談時嘴唇的兩端稍稍有些向後：表明他正在集中注意力傾聽談話，這種人意志不太堅定，容易受對方的影響，並且也有半途而廢的危險。

下嘴唇往前撇：表明他並不相信你所說的是真實的，並且他還想立刻找到證據來反駁你的理論，直到你承認自己說的是假的為止。

上下嘴唇一起往前撅的時候：表明此人的心理可能正處在某種防禦狀態。

嘴角總是向下撇的：此種人性格固執、刻板，並且內向，不愛說話，很難被說服。

咬嘴唇：在交談時，用牙齒咬住下嘴唇，或是上嘴唇以及雙唇緊閉的人，說明他正用心地聽另外一個人的講話，也可能是在心裡仔細地分析對方所說的話，然後跟自己做個對照，也可能是在認真地反省自己。

說話時以手掩口：一般女性比較常見，此種人性格較內向、保守，甚至有點自閉，不敢過多暴露自己。如果對方是一個陌生人，還表示對對方存有戒心，或者在做某種自我掩飾。

口齒不清，說話比較遲鈍：這些人可以分兩種情況來討論：一種是說話方面確實表現得不夠出色，並且在其他各個方面的表現也相當平庸，這樣的人若想獲得很大的成就，不太容易。另外一種人，他們僅僅是語言表達不精彩，而且也不太經常表現自己，但往往能夠一鳴驚人，這說明這個人在某一方面或某幾方面有比較出眾的才能，只要努力，也能很快成功。

時常舔嘴唇：這種人很可能壓抑著內心因興奮或緊張所造成的波動，因此他們常口乾舌燥地喝水或舔嘴唇。

清嗓門且聲音變調：說明此人對自己的話根本就沒有把握，他只是在發表自己的觀點，況且這種人具有杞人憂天的傾向。

一第四章一

緊盯眉眼，搜尋有用的資訊

愛默生說過：「人的眼睛和舌頭所說的話一樣多，不需要字典，卻能從眼睛的語言中瞭解整個世界。」

不僅嘴巴能說話，眼睛也會「說話」。眼睛是心靈的視窗，透過觀察眼睛可以讓我們探測到對方的內心世界。無論一個人心裡正在想什麼，他的眼神都會忠實地反映出來。

眉宇之間，心情呈現

當人們心情變化時，眉毛的形狀也會跟著改變。眉宇之間的一些資訊能透露人們解決問題的方法、關注細節的持久度，以及是否能夠做到「實話實說」等。

眉毛的性格語言，大致有以下五種表現：

揚眉

當人的某種冤仇得到伸張時，人們常用「揚眉吐氣」一詞來形容這時的心情。當眉毛揚起時，會略向外分開，造成眉間皮膚的伸展，使短而垂直的皺紋拉平，同時整個前額的皮膚擠緊向上，造成水平方向的長條皺紋。揚眉這個動作，能擴大視野。但同時也要認識到，一個眉毛高挑的人，正是想逃離庸俗世事的人，通常會認為這是自炫高深的傲慢表現。

當一個人雙眉上揚時，表示非常欣喜或極度驚訝，單眉上揚時，表示對別人所說的話、做的事不理解、有疑問。當人們面臨某種恐懼的事件時，可以用皺眉來保護眼睛，也可以用揚眉來擴大視野，兩者都對我們有利，但我們只能選擇其一。一般的反應是：面臨威脅時，犧牲擴大視野的好處，皺眉以保護眼睛；危機減弱時，則會犧牲對眼睛的保護，揚眉以看清周圍的環境。根據眉毛的變化方式，你可以判斷出對方當下的感受。

皺眉

皺眉的情形包括防護性和侵略性兩種。防護性的皺眉只是保護眼睛免受外來的傷害。但是光皺眉還不行，還需將眼睛下面的面頰往上擠，眼睛仍睜開注意外界動靜。這種上下擠壓的形式，是面臨外界攻擊、突遇強光照射、強烈情緒反應時典型的退避反應。至於侵略性的皺眉，其基點仍是出於防禦，是擔心自己侵略性的情緒會激起對方的反擊，與自衛有關。真正侵略性眼光應該是瞪眼直視、毫不皺眉。最常見的皺眉，往往被理解為厭煩、反感、不同意等情形。

聳眉

聳眉指眉毛先揚起，停留片刻，然後再下降。聳眉與眉毛閃動的區別就在那片刻的停留。聳眉還經常伴隨著嘴角迅速而短暫地往下一撇，臉的其他部位沒有任何動作。聳眉所牽動的嘴形是憂傷的，有時它表示的是一種不愉快的驚奇，有時它表示的是一種無可奈何的樣子，此外，人們在熱烈地談話時，會做一些小動作來強調他所說的話，當他講到重要處時，也會不斷地聳眉。

斜挑

斜挑是兩條眉毛中的一條向下降低，一條向上揚起，這種無聲語言，較多在成年男子臉上看到。眉毛斜挑所傳達的資訊介於揚眉與皺眉之間，半邊臉顯得疑惑，半邊臉顯得恐懼。揚起的那條眉毛就像提出了一個問號，反映了眉毛斜挑者那種懷疑的心理。

閃動

眉毛閃動，是指眉毛先上揚，然後在瞬間再下降，像流星劃過天際，動作敏捷。眉毛閃動的動作，是全世界人類通用的表示歡迎的信號，是一種友善的行為。當兩位久別重逢的老朋友相見的一剎那，往往會出現這種動作，而且常會伴隨著揚頭和微笑。但是在握手、親吻和擁抱等密切接觸的時候很少出現。眉毛閃動除了作為歡迎的信號外，如果出現在對話裡，表示加強語氣。每當說話者要強調某一個詞語時，眉毛就會很自然地揚起並瞬即落下。

總之，眉毛雖然只是人面部一個很小的部分，有的人的眉毛甚至不是十分的明顯，但作用卻很大，它的一動一靜，就在無形中透露了你的心境，如果不想讓別人太看透你，你就得讓自己的心態再老成一點，最好能處變不驚，但儘管這樣，也不能完全阻止對方發現你的心境；當然，我們可以利用這個小部位的舉動，幫助我們成為一個不太平凡的人。

注視雙眸，讀懂眼「語」

眼睛不會說謊

靈魂何在？靈魂儲藏在你的心中，閃動在你的眼裡。語言可以說謊，但眼睛不會。

孟子在《離婁章句上》第十五章中，有一段觀察人的眼神來判斷人心善惡的論述：

存乎人者，莫良於眸子。眸子不能掩其惡。胸中正，則眸子嘹焉；胸中不正，則眸子眊（眼睛昏花）焉。聽其言也，觀其眸子，人焉瘦（藏匿）哉？

這段話的意思是：觀察人的方法，沒有比觀察人的眼睛更好了。眼睛不能掩蓋人們內心的醜惡。一個人心中正直，眼睛就顯得清明；心中不正直，眼睛看上去就不免昏花，聽一個人講話，觀察他的眼睛，這個人內心的好壞又怎麼可以隱藏得了呢？

孟子這段精彩的論述，說明了一個人的內心動向，必然會反映在他的眼睛裡。心之所想，

【人際交往中，攻心爲上！】

不用言語，從眼神中就會找到答案，這是每個人無法隱瞞的事實。常常有這種情況，有些人口頭上極力反對，眼睛裡卻流露出贊成的神態；有些人花言巧語地吹噓，可是眼神卻表現出他是在說謊。

眼睛是靈魂的窗戶，它毫不掩飾地展現你的學識、品性、情操、趣味、審美觀和性格。戲劇表演家、舞蹈演員、畫家、文學家、詩人都著意地研究人們的眼睛，認為它是靈魂的一面無情的鏡子。一個敏銳的人，總是善於捕捉人們瞬息萬變的眼神，洞察對方的內心。

眼神是內心活動的一面鏡子

眼睛放出的神采，它的類型是那麼繁多：

心胸博大、為人正直的，眼神明澈、坦蕩；

心胸狹窄、為人虛偽的，眼神狡黠、陰詐；

志懷高遠的，眼光執著；

為人輕薄的，眼光浮動；

因為克己，眼神內斂；

因為貪婪，眼神暴露；

正派而敏銳使眼光如利劍出鞘；
邪惡而刁鑽則使眼光如蛇蠍蟄伏。
淵博的人，眼中透出了悟；
無學的人，眼中似乎只存疑竇。
自信者，眼神堅而毅；
自墮者，眼神晦而衰。
也許你貌不驚人，眼小如豆，但它可能流露出華美的氣質；
也許你美目流盼，但卻可能有一個蜷曲衰敗的靈魂在其中沉睡。

作為一個生理器官，從眼睛還可以看出一個人的精神狀態：

一個健康、精力充沛的人的眼睛通常明亮有力，眼睛轉動靈活機警，眼光清晰、水分充足；

一個疲勞的人眼睛就會顯得乏力無味、目光呆滯、眼光混濁；

一個樂觀的人眼睛通常充滿笑容，善意十足；

一個消極的人往往眼睛下拉，不敢正視別人的眼光。

面對一個誠實的人，他的眼睛堅定渾厚，眼神沉重踏實，你會覺得他對自己的行為有堅定的信念；他的敘述充滿了說服力和感染力，讓人不容置疑。

說謊的人在心理上是不確信的，他的眼神漂浮無根，說話沒有底氣和正氣，面對這種人，你會覺得他在講述一個與自己無關的事情，沒有信念和可信度；這種類型的人在生活和事業上很難達到既定的目標。

談話時，看著對方的眼睛

公關專家指出，社會交往中，尤其談話時要看著對方的眼睛。當然不必一直盯住看，最佳的表現是跟所交談的話題相配合，思考時可以移開視線，表達觀點時要注視對方的眼睛；這既是一種社交的禮儀，表示對別人的尊重；同時也是溝通、瞭解、認識別人的重要途徑。

美國的成功學奠基人卡內基說：「談話時看著對方的眼睛，是最起碼的溝通技巧。」相信這是一個適合東西方的普遍道理。所以要記住：看著對方的眼睛，然後開始一個有效的對話。

人們在日常生活和工作中，如果完全不注意別人的眼睛，就無法瞭解對方內心世界的微妙變化。事實上，人們無法徹底隱瞞心事，即使有人故意要擺出一付無表情的臉孔，但往往並不能維持長久。

人們常說：「聽別人講話，或對別人講話，要注意對方的眼睛。」有的人在交談時不看對方的眼睛，可能是膽怯、信心不足、難為情或畏縮。情侶初次相會，也常常這樣。大人物講話或聽別人談話時，往往能大大方方地直接望著對方的臉面，他們的見識、心理狀態就不存在前幾種情況。

眼睛的清濁，極為重要。睡眼惺忪的人，眼睛表現模糊不清；而眼睛雪亮、目光炯炯的人，自然顯得聰明伶俐。演技絕佳的演員靠眼睛表演。倘若某個歌星演唱時目光呆滯，那他絕不可能成為名演員。判斷證人在法庭上作證的可靠性，要注意他眼神的動向。滿臉佯裝微笑的證人，注意他的眼睛，會發現那是一雙不安的眼睛，根本沒有笑的神志。如果眼睛真的在笑，心也會隨之輕鬆。但是，對證人來說，那是非常緊要的關頭，心情沒法放鬆，眼睛也就根本不可能真的笑。

眼睛總是能提供很多資訊，例如看人時，眼睛睜大表示願意與人交談，而眼睛深陷，眼神喜歡盯住一處的人則較為保守。當一個人的鼻孔張大時，說明他對所面臨的事更加自信。眼部的一些細微動作，能夠完整地顯示出對方的所思所想。所以下次與人交談時，千萬別忘了注意他的眼睛。

交談時，從眼神透視對方心理的技巧

透過眼神去窺視人的心理活動，是人們在社會生活中常用的方式。但是如果你想有意地、自覺地去從眼神中透視對方心態，就必須掌握有關的理論和技巧。現在，讓我們來看一下，在交談時怎樣從對方的眼神和視線裡探出對方的真正意圖：

和你談話時，他的眼睛不是看著你：在說話進入正題的時候，對方時而移開眼光看向遠處，不是他根本不關心你說什麼，就是正在算計某些事情。但是需要注意，通常人們在與自己的上司交談時，始終注視對方的眼睛的人是極少的，因人在這時大多數或多或少會有害怕、害羞或者屈卑的感覺。更有一種病叫眼神恐怖症，得了這種病的人不管是對什麼人，都不敢正視其眼光。

瞪著你不放的時候：遇到對方有「啊！事到如今，聽天由命吧！」這種態度，表示他的謊言或罪過即將被揭穿，此時他瞪著你不放就是一種故作鎮定的姿態。

對方眼神閃爍不定的時候：當某人內心正擔憂某件事，而無法真正坦白地說出來的時候，他會有這樣的眼神。可理解為對方心裡有自卑感，或正想欺騙你。當你和生意夥伴見面的時候，看到對方灰暗的眼光，就應該想到對方有不順心的事或發生了什麼意外的事情；而當你和對方交談時，對方的眼睛突然明亮起來，表示你的話正說中了他心裡最急於表達的事情。

眼睛上揚：這是假裝無辜的表情。這種動作是在佐證自己確實無罪。目光炯炯望人時，上睫毛極力往上抬，幾乎與下垂的眉毛重合，造成一種令人難忘的表情，傳達著某種驚怒的表情。斜眼瞟人則是偷偷地看人一眼又不願被發覺的動作，傳達的是羞怯靦腆的資訊。這種動作等於是在說：「我太害怕，不敢正視你，但又忍不住地想看你。」

眼睛眨動：眨眼的系列動作包括連眨、超眨、睫毛振動等。連眨發生於快要哭的時候，代表一種極力抑制的心情。超眨的動作單純而誇張，眨的速度較慢，幅度卻較大。動作的發出者好像是在說：「我不敢相信我的眼睛，所以大大地眨一下以擦亮它們，確定我所看到的是事實。」睫毛振動時，眼睛和連眨一樣迅速開閉，是種賣弄花哨的誇張動作，好像在說：「你可不能欺騙我哦！」

擠眼睛：擠眼睛是用一隻眼睛向對方使眼色，表示兩人間的某種默契，它所傳達的資訊是：「你和我此刻所擁有的秘密，任何其他人無從得知。」在社交場合中，兩個朋友間擠眼睛，是表示他們對某項主題有共同的感受或看法，比場中其他人都接近。兩個陌生人間若擠眼睛，無論如何，都有強烈的挑逗意味。由於擠眼睛包含兩人間存有不為外人知道的默契，自然會使第三者產生被疏遠的感覺。因此，不管是偷偷的還是公開的，這種舉動都被一些重禮貌的人視為失態。

眼睛往上吊：這種人心裡藏著不可告人的秘密，喜歡有意識地誇大事實，他們性格消極，不敢正視對方。

眼睛往下垂：這個動作有輕蔑對方之意，要不然就是不關心對方的情形。這種動作的發出者一般個性冷靜，本質上只為自己設想，是任性的人。

談話時，注意觀察對方眼珠的轉動

談話時，對方的眼睛不同的轉動方式，會表現出不同的內心動向。對方的眼珠左右、上下轉動而不專注時，是因為怕你而在說謊。這樣做，多半是為了不使你疑心，而不將真相說出，或由於他自身的過失，無法向你賠償損失或償付貸款。在你一再追問的情況下，他口是心非，眼睛則左右、上下轉個不停。

對方眼睛不停的閃爍時，表示他一有機會應會見異思遷。男士和女友或和自己的太太上街，他會情不自禁地注視來來往往的其他女性。從心理學來看，男性的這種移神的動作，是為了不失去客觀性的本能所發出來的舉動。相反的，女性把一切都集中在男朋友身上，其本性只留在主觀感情上，所以女性走在路上除男朋友外，對其他男性並不關注。

還有一種情況，我們觀看電視上的辯論比賽時，往往可以看到因為被抓住弱點而眼光向左右快速轉動的人。這是他正在動腦筋，試圖尋找反的證據。由於費盡心思，便會呈現出視線快速轉動的現象。

此外，人們在緊張或有所不安與戒心的時候，也會試圖擴大視界，以期獲取有關情報，好沉著應對時，同樣會有類似的眼睛轉動的行為。

另外，人們思考問題的時候，眼珠會轉動。每個人的習慣不同，眼珠轉動的方向不同，其中反映出的資訊也不同：

眼珠向右上方轉的人：這時人的腦中便會浮現幻想中的事物，這說明這類人其實是很喜歡做白日夢的。這類人的另一專長是在邏輯分析上。

眼珠向右下方轉的人：這類人心思細密，思考力特強。與這種人打交道要特別小心，因為他們疑心較重，常以為自己是偵探，只要有少許蛛絲馬跡，便會聯想很多東西出來。而且，千萬不要與這類人有金錢上的瓜葛，否則便會為自己惹來最大的煩惱。但如果對方不是每一次思考時都是轉向下方，只是偶爾才這樣，他很有可能是正在說謊，他在此時所說的大概不太可靠。

眼珠向左上方轉的人：這類人時常喜歡翻來覆去地回憶舊事想當年，所以與這類人相處便要有點耐性。然而他們都是屬於健談的人，他們身邊不乏吃喝玩樂的朋友，可是真正交心的卻寥寥可數。所以這類人最希望得到別人的真心關懷，如果你要取得這類人的信任，便要付出一點誠意，只是刻意的奉承是不行的。

眼珠向左下方轉的人：這類人想像與思考力都很強，是當作家或編劇的好材料。他們最喜歡聽音樂，喜歡自由自在、無拘無束地享受生活。這種人可能會給人好吃懶做的感覺，但這只是一種錯覺。事實上，這種人比任何人更懂得安排生活。與這種人相處，千萬不要給他們一種壓迫感，否則只會把他們嚇走，令他們從此與你保持距離，以後要取得他們的信任便艱難了。

瞳孔中的學問

正因為眼睛傳達的資訊勝過千言萬語，所以許多藝術家在其作品中都是透過對眼睛進行刻畫來實現人物的心理描寫。

瞳孔的作用，是調節光射入眼內的量。最近人們已經從研究得知，瞳孔的功能並不止於這些。據說美國有人做過這樣的實驗，將一些美女的照片分給一群男女看，當這群人正在觀看照片時，檢察他們瞳孔的變化情況。其結果顯示，所有男性的瞳孔在觀看時都張得很大，女性則有的沒有變化，有的縮小。這說明，人的瞳孔看到自己有興趣、關心或喜愛的事物，往往會擴大，反之便會縮小。

瞳孔的變化是人不能自主控制的，瞳孔的放大和收縮，真實地反映著複雜多變的心理活動。若一個人感到愉悅、喜愛、興奮時，他的瞳孔就會擴大到比平常大數倍；相反的，遇到生氣、討厭、消極的心情時，他的瞳孔會收縮得很小；瞳孔沒有變化，表示他對所看到的物體漠不關心或者感到無聊。

視線顯露出思維

心之所想，不用言語，從眼神中就會找到答案，這是每個人無法隱瞞的事實。常常有這種情況，有些人口頭上極力反對，眼睛裡卻流露出贊成的神態；有些人一本正經的說話，可是眼神卻表現出分明是在說謊。

透過人的視線，同樣可以窺探出人的內心活動。人們在社會生活中，如果內心有什麼欲望或情感，必然會表露於視線上。因此，如何透過視線的活動來瞭解別人的心態，對人與人之間在交往中的心理溝通，具有重要意義。

視線的交流是溝通的前奏，一個人的視線可以從不同角度和不同的觀點來瞭解。其一，對方是否在看著自己，這是關鍵；其二，對方的視線是如何活動的。對方直盯著自己，或視線一接觸馬上撇開，其心理狀態是迥然不同的；其三，視線的方向如何，也就是觀察對方是否以正眼瞧著自己，或以斜眼瞪著自己；其四，視線的位置如何，這是觀察對方究竟是由上往下看，或者是由下往上看等；其五，視線的集中程度。這是指觀察對方是專心一致在看著自己，還是視線飄渺，不知究竟是在看什麼地方等。這些表現所代表的意義是各不相同的。

在交往活動中，透過觀察人的視線方向等，也能透視人的心態。

對方的眼睛看遠方時，表示對你的談話不關心或在考慮其他事情

例如，當你很有誠意地對女友說話時，她卻常常將眼睛注視別的地方，表示她心中正在盤算其他事情，或許因為對結婚沒有信心，也可能她另有對象，對你說不出口。出現這種情況，你不妨用試探的口氣問她：「有什麼麻煩嗎？告訴我，我們共同解決。」

如果對方是非常重要的交易談判對象，他同樣會在心裡盤算，如何使交易變成有利的狀況。看對方的眼神中，也有凝視於一點或焦點不變的眼神。這種眼神表示對方心中在想其他事情。談生意的對象有這種眼神時，要特別注意不要將大量貨物出售給他。因為對方可能支付不了貨款；如果對方是賣者，他所賣的貨物可能是瑕疵品。

總之，當你的交易對象出現這種眼神時，你一定要小心提防。這個時候，你可以毫不客氣地問「你有什麼煩惱的事情」，以從對方口中探知原因。

如果在某個會議上，你發現一位出席者對坐在他正面的某人看都不看一眼。等他對面的那

位發言過後，你不妨問他：「你認為他的意見如何呢？」他如果立即予以猛烈反駁，證明他們之間曾經有過爭論，或有什麼成見。

斜視對方的眼光，表示拒絕、藐視或感興趣的心理

人們聚集在一起時，常常可以看到斜視對方的眼光。這種眼光的特性，是表示拒絕、輕蔑、迷惑、藐視等心理。公司或商場間的競爭對手或其他競爭者之間難免會正面交鋒，互相之間經常會用這種蔑視的眼神看對方。

但是，斜而略帶含笑的眼神，有時也表示對對方懷有興趣。尤其在初次見面的異性之間，經常能見到這種眼神，多出現在女方身上。如果你是一位男士，有一位不太熟悉的女孩子這麼看你，那表示她對你感興趣。遇到這種狀況時，你應該鼓足勇氣和她攀談，略顯輕蔑的眼神會變成最有興致的眼神。

對方眼神發亮略帶陰險時，表示對人不相信，處於戒備中

男女之間用這種眼神凝視，表示雙方敵意、憎惡；在初次見面的會談中，也會接觸到這種眼神；受到朋友或同事的誤會，把被曲解的事實向對方解釋說明，對方也會出現這種眼神。

初次見面時，對方有這種眼神，表示在談話中你使對方產生某種的不信任的警戒。如果覺得自己並無使對方產生這種心理的做法，那可能是對方從其他地方聽到一些你的事情，或由介紹者那裡得到某種先入為主的感情。

此時，他們如果有疑惑、敵意、不信任的眼光，表明對方已完全誤解了你，並存有戒心。一旦受到別人的誤會，一定要誠懇解釋，才能消除誤解。

如果女性穿著太奢華、打扮太耀眼，就容易受到別人的誤會，可能感受到某種發亮略帶陰險的眼光在注視著你。你應在言談、禮貌方面多加以注意，這樣才不會招致別人的誤會。

對方做沒有表情的眼神，表示心中有所不平或不滿

有人認為，人與人之間互相沒有心懷不滿或煩惱時，才會做出毫無表情的眼神，這種想法是錯誤的。

人們沉思時的眼神各不相同，有的閉起眼睛，有的呆滯地望著遠方，還有的會做出毫無表情的眼神，一旦思維整理妥當或產生新的構思時，眼睛則顯得很有神，或出現有規律的眨眼現象，這也是接著將要說話的信號。所以交際中，面無表情不是好現象。

在衝突者之間也往往出現這種情況，這個時候千萬不要介入他們之間的紛爭。

從視線透視人們的心理

視線接觸與否的心理學研究

當我們在等公共汽車或站在電影院賣票口排隊買票時，多為背向後面的人，這種表現為人們所司空見慣，這樣做，不僅是為了往前進，也是為了避免同不相識的人視線相交。

但也有面對面者，這些人多為朋友、夫妻、親人、戀人等。這些人會彼此默許自己的隱私權受到某種程度的侵犯，因此他們偶爾會視線交錯，便於相互言談，心理溝通。綜上所述，相識者彼此視線相交之際，即表示為有意進行心理溝通。

但若是這種情況發生在女人之間時，則具有不同的意義。因為，當女人不願意把自己的內心體驗傳遞給對方時，多半會產生凝視對方的行為。心理學家曾做過人們對視的實驗，實驗結果表明，如果事先指示受測者「隱瞞真意」，在受測中，注視對方的比率，男人會降低，女人則反而提高。男人在未接到指示的情況下，其談話時間內有六六・八％的時間在注視對方；但得到指示後，卻只有六〇・八%的時間在注視對方。至於女人方面，在接受指示之後，居然能提高到六〇%的時間在注視對方。因此，當在公開場所遇見女人注視自己過久的時候，不妨認為她可能心中隱藏著什麼，要注意她言不由衷的真相。

對方是否在看著自己，亦即有無視線接觸，說明對方是否對自己有好感或興趣等。但是，如果對方不敢或是不肯直視你呢？那代表什麼？

如果對方完全不看你，便是對你不感興趣或無親近感。想想看，當我們在路上行走時，發現陌生人一直盯著我們，必定會感到不安，甚至會覺得害怕。因為我們並不希望他們對我們感興趣。

所以，不相識的人，彼此視線偶爾相交之後，便會立刻移開。這是由於人們覺得，一個人被別人看久了，會被看穿內心或被侵犯隱私權。

注視與移開視線的心理學研究

一般認為初次見面時，先移開視線者，其性格較為主動。另外，談話中，有意處於優勢地位的人，認為一個人是否能站在上風，在最初的三十秒即能決定。當視線接觸時，先移開眼光的人，就是勝利者。相反的，因對方移開視線而耿耿於懷的人，就可能胡思亂想，以為對方嫌棄自己，或者自己談不來，因此在無形中乃對對方的視線有了介意，而完全受對方的牽制了。

正因為如此，公關專家提醒，對於初次見面就不集中視線跟你談話的挑戰型對象，應特別小心應付。

不過，同樣是撇開視線的行為，如果是在受人注意時才移開視線，那又另當別論了。一般而言，當我們心中有愧疚或有所隱瞞時，就會產生這種現象。

一位畫家曾經畫過一幅皺著眉頭的眼睛抽象畫，鑲於大透明板上，然後懸掛在幾家商店前，其原意是想藉此減少偷竊行為。果然，在懸掛期間，偷竊率大大減少。

雖然不是真正的眼睛，但對那些做賊心虛的人來說卻構成了威脅，他們極力想避開該視線，以免有被盯梢的感覺，因此便不敢進商店內，即使走進商店裡，也不敢行竊了。

在交往中，如果面對異性，只望上一眼，便故意移開視線的人，大多是由於對對方有強烈的興趣。例如：在火車上或公共汽車上，上來一位年輕貌美的女性，所有人的眼光幾乎都會集中在她身上，但年輕的男性往往會很快把臉扭向一旁。他們雖然也非常感興趣，不過基於強烈的壓抑作用而產生自制行為。假使興趣欲望增大時，便會用斜視來偷看。這是由於想看清對方，卻又不願讓對方知道自己的心思的緣故。

有行為學家經由研究認為：對異性瞄上一眼之後，閉上眼睛，即是一種「我相信你，不怕你」的體態用語。所以，看異性時，不是把視線移開，而是閉上眼後，再翻眼望一望，如此反覆，就是尊敬與依賴的表現。尤其女性這樣看男性的時候，便可認為有交往的可能。

還有一種不敢直視對方的情況。我們可以回顧一下自己在工作中，當上司與屬下討論問題的時候，上司的視線必定會由高處發出，而且會很自然地投射下來。反之，為人屬下者，雖然自己沒有做出什麼虧心事，但是，視線卻經常由下而上，而且往往軟弱無力，不斷移開。這是由於職位高的人，總是希望對屬下保持其威嚴的心理作用。但是，也有例外。這與地位的高低無關，就是內向的人容易移開視線。

美國的心理學家曾經做過一個實驗，讓很靦腆的小孩與陌生的大人見面，來觀測他們注視大人的時間長短。將大人眼睛蒙上和不蒙的情況相比較，發現小孩注視前者時間居然為後者的三倍。這就是說，眼光一接觸時，孩子的視線會立刻移開。由此可知，內向的人大多不會一直注視對方，而經常要移開視線。

一些實用的技巧

以下是一些小技巧，可以幫你一眼洞察對方的性格或心理：

一直盯著對方的女性——心中可能有隱情；

在言談中，注視對方——表示希望引起對方對自己所談內容的注意；

初次見面時，先移開視線者——表示希望處於優勢地位者；

被對方注視時，立刻移開視線者——大多有自卑感或缺陷；

看異性一眼後，隨即故意移開視線者——表示有強烈的興趣；

斜眼看對方者——表示對對方非常有興趣，但又不想讓對方識破；

翻眼看人者——表示對對方存有尊敬與信賴；

俯視對方者——想顯示對對方的一種威嚴；

視線不集中在對方，很快移開視線者——大多為性格內向者。

第五章

少說多聽，給別人顯露的機會

古人云，「言為心聲」。言語之中，往往流露出心理、感情和態度。所以，如果你想迅速瞭解一個人，就不要自己喋喋不休，多給對方說話的機會，讓他露出自己的底牌。

記住，言多必失，適用於你，也適用於對方。

言多必失，管住嘴巴

古代，曾經有一個小國的使者來到中國，進貢了三個一模一樣的金人，瞧著金人金碧輝煌的模樣，皇帝高興極了。可是這個小國的使者同時還出了一道題目：這三個金人哪個最有價值？

皇帝想了許多的辦法，請來金匠進行檢查，稱重量，看做工，可是都沒能區別出來。怎麼辦？使者還等著回去彙報！泱泱大國，不會連這麼個小問題都答不出吧？最後，有一位退位的老臣說他有辦法。

皇帝將使者請到大殿，老臣胸有成竹地拿出三根稻草，分別插入三個金人的耳朵裡。插入第一個金人的稻草從另一邊耳朵出來了；第二個金人的稻草從嘴巴裡直接掉出來了；第三個金人，稻草進去後掉進了肚子裡，什麼聲響也沒有。老臣說：第三個金人最有價值。使者默默無語，點點頭，表示答案正確。

這個故事告訴我們：最有價值的人，不一定是最能說的人。正如諺語所說的：「沉默是金，語言是銀。」老天給我們兩隻耳朵一個嘴巴，本來就是讓我們多聽少說的。善於傾聽才是成熟的人最基本的素質。

但許多人不懂得這個道理。當別人說的話自己不同意時，往往不待別人說完，就想插嘴。實際上，這樣做是不理智的，不但不能使別人放棄自己的主張來遷就你的意見，而且還讓別人覺得你非常沒有禮貌。

你想，別人正有一大堆的話急於說出來，你卻插嘴，這時他根本就不會注意你想表達的意思。所以，我們必須耐心聽，並且鼓勵對方把意見完全說出來。

有一個故事可以讓我們明白：

美國某汽車公司需要採購車座上的絨墊，當時有三家商店分別派職員前去推銷。其中兩家商店所派的職員都十分能言善辯，只有另外一家商店的職員因為臨時患病，講不出話來。他到了汽車公司，沙啞著喉嚨，很勉強地說：「我實在發不出聲來，我們店中的商品，我只能寫給你們看。」

那家汽車公司的主任一見他這種情形，便對他說：「你不必講話了，你把商品拿出來，我們可以做出比較的！」於是他站在旁邊默不做聲，但這卻使汽車公司的主任能夠不受干擾地進行理性的判斷和選擇。

結果，其他兩家商店所派的善於辭令的職員都空著手回去了，他卻做成了這筆生意。全部訂貨的總價竟高達一百六十萬美元之多。這筆龐大的生意，簡直是他做夢都想不到的。

這是一個特殊的例子，固然不能與一般的事例相提並論，但是這個事例卻具體地說明：不開口的效果反而會勝過多說話。

報紙上刊登了一家公司應徵員工的廣告，有一個人前去面試。他事先打聽到這家公司的總經理一些過去的情形，一見面就對那位總經理說：「我十分榮幸能在這裡工作，我更願意追隨你左右努力工作！因為我知道在十幾年前，這個辦公室裡只有一台打字機和一個職員，經過你的艱苦奮鬥和努力經營，才能成就今天這樣偉大的事業，這是多麼令人敬佩的事啊！」

那位經理本來對去面試的人大多瞧不上眼，所以面試的人雖然絡繹不絕，結果卻一個也沒選中。可是他這麼一說，正中那位經理的下懷，引起了他的很大興趣，於是就向他大講自己的奮鬥歷史。

經理一談起自己的成功史，就興高采烈，眉飛色舞，那個人只是在旁邊側耳恭聽，表示敬佩。談了半晌，那經理也沒有問他的學歷、技能，就對坐在旁邊的副經理說：「我看這位小伙子很不錯，我們就錄取他吧！」這個位置，就在他傾聽了經理的成功史後，穩穩地拿到手了！正如俗語所說：「兵在精而不在多！」說話也是如此，不在說得多少，而在能說得恰如其分。

很多人總覺得只要自己光明磊落，便凡事無不可對人言，但假如對方是一個根本不可以言盡的小人時，你說三分話已經顯得太多了。在生意場上如果彼此間的關係一般，你卻跟人家談得很深，這就顯示你自己沒有知人之明。

若是你的話題涉及對方本人，但他與你根本就不熟悉，你卻硬跟別人說一些純屬私人的事情，就顯得唐突冒昧。再說，如果談話本身涉及商業機密，因為你一時的「暢所欲言」，便將自己的底牌一股腦地兜售給對方，豈不是太過愚蠢了嗎？實際上，在生意場上，與一般的客戶交談，三分的話已經是太多了。

對此，公關專家指出，人們都喜歡訴說自己的長處和優點，所以與人交往時，如果對別人有所求，只要使對方多訴說他最得意的事就行。如果對方總是誇自己的長處，並陶醉其中，覺得自己像個偉人，你就不妨多謙遜一下，這樣自然容易獲得對方的同情與好感。因為對一般人來說，大多有一種「嫉強憐弱」的心理。

想要獲得別人的贊同，就必須讓自己少開口，讓人家說話。切記管好自己的嘴巴，多給對方暴露他底牌的機會。

心平氣和，莫要爭辯

許多人能言善辯，時常在人群中佔據上風。為了顯示自己的口才有多麼厲害，他們更樂意尖酸刻薄，帶有挑釁意味，似乎這樣會顯得伶牙俐齒，不好惹、有個性。

很多善於辯論的人因為不懂人際關係的維護，目中無人，爭強好勝，什麼都想比別人高出一截。別人說一句話，他也會從中挑刺，非要讓別人同意他的觀點，甚至不惜辯論一番決出勝負。**卡內基對此說過：「你可能贏了辯論，可是你卻輸了人緣。」**任何諷刺挖苦都是帶有攻擊性的，即使是友善的嘲弄，有時也會讓你失去友情。諷刺挖苦阻擋了正常的開放式的交流，而使交往變成了荒謬的爭吵。

俗話說，得饒人處且饒人，不要因為一點小事斤斤計較，得理不饒人，那就會被人說成是「嘴不饒人」，還會給別人造成刻薄的印象。就算你是有口無心，也會令你的形象大打折扣。

公司的同事之間本應該是相互幫助，擰成一股繩，結果卻為了這麼一點小事撕破臉皮，以

【人際交往中，攻心爲上！】

後還怎麼合作呢？公司裡怎麼還會有和諧的氣氛呢？這就因小失大，得不償失了。

交談和溝通是彼此之間交換資訊、想法與感覺的過程，不是辯論賽，沒有必要分出高下。沒有人喜歡總是被人駁倒，喜歡被強壓在人之下，如果你只是為了逞一時口舌之快，非要置人於失敗之地，恐怕會得不償失。贏了一場辯論，失去一個朋友，這又何必呢？

所以，為了與他人有更良好的溝通，請你克制住自己爭強好勝的個性，隱藏住自己咄咄逼人的高超口才技藝，捨棄這種競賽式的談話方式。不妨採用一種隨性、不具侵略性的談話方式。這樣當你在表達意見時，別人就比較容易聽進去，而不會產生排斥感。對別人的意見，你也不妨站在他們的立場上考慮是不是也有道理，即使你真的無法表示同意，也要拿出寬容接受的姿態，畢竟這個世界上持不同意見的人很多，你不同意他，並不代表他就是錯的。你只需要瞭解每個人都有不同的想法就夠了。

謙虛謹慎、寬容平和是交往的一大要點，切不可感情用事或沒有城府，一衝動就口不擇言。有些話可能也不算錯，可是用了極端的方式表達，就會惹眾人惱怒。

一點小事，換了一種說法完全不是什麼大不了的問題；可是說話太衝，不考慮別人的感受，張嘴就來，非要逞一時口舌之快，就可能激怒別人，讓事情變得不好收拾。所以，與人交往不要刻意地想做出強勢的作風，似乎讓所有人都啞口無言是你的最高目標。嘴上佔上風並不代表你有多麼了不起，別人不會因為你的「伶牙俐齒」就佩服你，反而會因為你的不識抬舉、不懂禮貌而厭惡你。

生活中常有這樣的人，一旦在人際關係中佔了上風，就氣勢洶洶、咄咄逼人，仗著自己有什麼優勢就大逞口舌之強，非要把人逼進絕路他才開心，這樣的人，即便再能說會道，也只會招人厭煩。

其實，很多事情根本沒有必要非要分出高下優劣，尤其當這個結果還可能挫敗別人的自尊心時，那就更不要去爭辯。你尊重別人，別人就會尊重你；你要存心讓別人難堪，別人一定心裡不服氣，這也註定為你以後的人際交往埋下隱患。所以，有時候對自己的觀點要有所保留，對別人的觀點也要能理解和認同，這樣關係才能和諧。

伶牙俐齒盡可以用到辯論會上，但是生活不是辯論會。一個擁有好口才的人會知道一個人不能永遠坐在辯論席上，不同的場合要說不同的話，必要時還要懂得沉默是金的道理。有張有弛，有理有節，恰到好處，有一顆體諒之心，才算是真正的好口才。

說話聽聲，鑼鼓聽音

中國有一句話叫做：「說話聽聲，鑼鼓聽音。」指的就是要注意說話方的「弦外之音」。生活中有大量的話不用直接說出來，話裡帶出來就行了，更有不能直言的意思，得靠暗示來表達。這就要求我們要善於聽出話外之意，弦外之音，這樣才能更好地跟人溝通，在交流時更好地把握對方的意思。

第二次世界大戰中期，東條英機出任日本首相。此事是秘密決定的，各報記者都很想探得秘密，竭力追逐參加會議的大臣採訪，卻一無所獲。

有一位記者有心研究了大臣們的心理定勢：誰都不會說出由誰出任首相，假如問題提得巧妙，對方會不覺地露出某種跡象，進而有可能探得秘密。於是，他向一位參加會議的大臣提出一個問題：出任首相的人是不是禿頭？

當時，日本首相有三名候選人：一是禿頭，一是滿頭白髮，一是半禿頂，這個半禿頂的就是東條英機，在這看似無意的閒談中，大臣沒有想到其中暗藏機關，因為他在聽到問題之後，神色有些猶豫，沒有直接回答問題。聰明的記者從這個瞬間，就推斷出最後的答案，獲得了獨家新聞。因為對方停頓下來，肯定是在思考：半禿頂是否屬於禿頭？

多練習「解話」、「接話」的功夫，可以提高你表達言外之意及傾聽弦外之音的本領。

在商場上，有時為了達到降低成本的目的，客戶會用一些不存在的「實事」來進行試探或脅迫，我們稱之為「偽理由」，這個時候就看我們的「聽力」如何了！

例如對方會說：

——「在其他經銷商那裡，也有同樣的商品，價格要便宜的多！」

——「產品是不錯，不過我們還要考慮考慮！」

——「還有幾家供應商，也來找過我們！」……

其實，想要判定對方所說是否屬實不難，只需要問得具體一些，對方便開始閃爍其辭了，畢竟真的假不了，假的也真不了！

公關專家提醒你，與上級談話時更要注意，因為領導者的語言是最具揣摩性的。

比如你剛到一家公司不久，主管找你談話：「你到公司還沒多久，工作成績不錯，以後有什麼打算呢？」很輕鬆的一句話卻含有特殊的意圖，他是在考察你的工作心態。

你若很坦率地說出自己的理想志向，領導會以為你過於幼稚而缺乏城府；你若大談自己與公司不相干的事業理想，上司會瞭解到你眼下只是把公司當成一個跳板，一旦有了機會，你就會遠走高飛，根本沒有為公司的長遠發展打算。

這時，你就該謹慎而言：「我想就目前的工作先做一段時間再說，以後再做打算也不遲。」以這種含蓄的語言回答是比較穩妥的。

要學會暗藏釋說，以柔克剛。在日常生活中，如果說話人是利用會話隱意來侮辱人，聽話人就更應注意了。聽話人不僅要善於聽出對方的惡意，而且必要時可以「以其人之道還治其人之身」，給對方一個含蓄的回擊。

有一位商人見到詩人海涅（海涅是猶太人），對他說：「我最近去了塔希提島，你知道在島上最能引起我注意的是什麼？」

海涅說：「你說吧，是什麼？」

商人說：「在那個島上，既沒有猶太人，也沒有驢子！」

海涅說：「那簡單，要是我們一起去塔希提島，就可以彌補這個缺陷。」

商人把「猶太人」與「驢子」相提並論，顯然是暗罵「猶太人與驢子一樣，無法到達那個島」，而海涅則聽出了對方的侮辱和取笑，回答時話裡有話，暗示這個商人是一個驢子，使商人自討沒趣。

言談能告訴你一個人的地位、性格、品質及至流露內心情緒，因此聽弦外之音是「察言」的關鍵所在。只有正確地「察言」，才能在和他人的交往中把握他們的想法，更好地溝通。

語調語速暗藏情緒變化

《禮記．樂禮》：「凡音之起，由人心生也。人心之動，物使之然也。感於物而動，故形於聲。聲相應，故生變。」主要意思是說，人的聲音是隨著內心的變化而變化的。內心的變化又是受外物的影響而變化的。所以古人云：「心氣之征，則聲變是也。」

古人用五行來劃分人的五種聲音：

金聲者，悅耳和潤。木聲者，高亢響亮。水聲者，緩急相間。火聲者，焦急暴烈。土聲者，沉重厚實。

人的聲音確實各不相同。既與先天遺傳有聯繫，又受後天生長環境的影響。從某種意義上講，一個人說話的聲音還表現出這個人的健康狀況和文化品格。是俗是雅，是貴是賤，是剛是柔，是智是愚。

一個人音調的抑揚頓挫又反映在說話的具體語氣上，音調透過語氣藉助語言表達出來。而語氣比語言更具有個人感情色彩。一個人的心態和精神狀況直接影響著語氣表達感情色彩的深淺濃淡。把握一個人的聲音，就有可能瞭解一個人。

低聲和氣型：這個類型大多是男性。這類男性一般胸襟開闊，樸實厚道。他們有一定的寬容心和堅韌力，能夠堅定自己的信念，獨立從事自己的事業，能吸取別人的長處又有自己獨到的見解。他們具有同情心，能夠幫助和體諒他人。這個類型的女性也比較溫柔和善、通情達理。但這類人的缺點是多愁善感，有時顯得優柔寡斷。

輕聲弱氣型：這種人說話很輕柔，像信心不足。這類人為人處世比較小心謹慎，他們具有較高的文化修養，言談舉止非常典雅，又顯得十分謙恭，很懂得尊重人。這類人看似具有寬廣胸襟，從不刻意要求他人，也不過分責怪他人，但他會採用悄無聲息的方式漸漸疏遠你。怕沾惹上麻煩是這類人狹隘的一面。

高聲大氣型：這類人性格多是比較粗獷、豪爽，為人坦率、耿直、真誠、熱情，說話、做事愛直截了當，從來不會拐彎抹角兜圈子。但這類人比較暴躁，缺乏耐心。一旦受委屈時，他們會盡力為自己挽回，毫不示弱，據理力爭，直到挽回自己的損失為止。他們有時會在緊急情況下充當先鋒，產生召喚、鼓動的作用，但有時缺乏理性智慧，容易被狡猾的人所利用。

凝重深沉型：這種人具有大才，對人情世故看得很透徹，具有很高的理想與遠大的抱負；但他們往往不屑於世俗濁流，清高自潔。這種人往往得不到重用，壯志難酬，抱負難得施展。

尖銳犀利型：這種人說話尖銳犀利，苛刻無情，從不體會對方的感受。在談話時，一旦抓住對方語言的漏洞，就會不留情面地攻擊到底，讓對方無話可說，顏面掃地。這類人愛攻擊別人的弱點，很難把握大局面，觀點過於偏激，待人也比較挑剔，很刻薄。

剛毅堅強型：這種人語調果斷有力，響亮乾脆。他們辦事原則性強，公正無私，是非分明。但是由於原則性太強讓人覺得沒有商量的餘地，多少顯得不善變通，過於固執。不過由於他們能做到公正廉潔，捨己為人，還不失大將風度，往往能得到人們的尊重與擁護。

溫順平暢型：這類人說話速度較慢，音調適中，語氣平和。他們性格溫和，淡泊處世，與世無爭，易與人相處。但因為天性溫和軟弱，行動上缺乏剛強與魄力，常有息事寧人的思想，因而膽小怕事，不愛招惹是非，對外界複雜的事物採取逃避態度。如果他們身邊能有一位積極上進的人常指導他，增強他的魄力，他們就會成為一個剛柔並濟的人，能做出一番令人刮目相看的事業。

此外，說話語氣平穩的人，性格比較正直；說話音調平直，詞語含糊不清者，比較平庸，沒有才氣；說話音調明朗，節奏適當，抑揚頓挫分明的人，具有藝術性，是位理想主義者，他們不注重現實，愛幻想，愛浪漫；說話語氣很衝，語調鏗鏘有力的人，往往是任性的人，做事武斷，態度蠻橫霸道；說話語氣低沉、緩慢，語調斷斷續續，這類人多疑，凡事都抱有懷疑態度；說話語氣、音調、音色均變化頻繁的人，這類人大多輕率不穩定，沒有責任心，自私自利思想嚴重；說話音調又細又尖，刺耳難聽，這類人一般很孤僻，不容易與他人交往。

在談話過程中，音調突然增高或變低，證明說話者要強調他重要的言語，你要仔細聽了；談話者故意將音調壓低、拖長、突然停止或停頓的時間稍長，這證明說話人想讓你仔細揣摩他的話，理解他的話。

與音調相類似，語速同樣也是說話者心理、感情和態度的流露，語速的快慢、緩急直接反映著說話人的心理狀態。

在日常生活、工作中，每個人都有自己特定的說話方式、語言速度，有的人天生屬於慢性子，說話慢慢吞吞，不疾不徐，任憑再急的事情，他也照樣用他那種獨有的語速來敘述給別人聽；有的人天生是一個急性子，說話就像機關槍，容不得旁人有插嘴的機會。大多數人介於二者中間，說話的時候語速屬於中速。這些是每個人長期以來形成的性格特徵，是客觀固有的，而且長期存在。

一個心理健康、感情豐富的人在不同的環境下會表現出不同的語速。一般而言，說話語速較慢的人比較厚道老實，性格內向，可能會有點木訥。而說話飛快的人，比較精明，熱情外向，偏向於張揚的性格。

有些人在面對別人伶俐的口舌、獨到的見解、逼人的語勢的時候，或緘口沉默，或支吾其辭，一副笨嘴拙舌、口訥語遲的樣子，很可能是因為這個人產生了卑怯心理，對自己沒有信心，又或者被對方說中了要害，一時難以反駁。

在生活中，我們可以更微妙地領略語速中透露出的各種人的豐富的心理變化。一位平常說話不疾不徐的人，面對一些人對他說出不利的話的時候，如果他用快於平常的語速大聲地進行反駁，很可能這些話都是對他的無端誹謗；如果他支支吾吾，半天說不出話來，很可能這些指責就是事實，他自己心虛、中氣不足。當一個平時說話語速很快的人，或者說話語速一般的人，突然放慢了語速，就一定是在強調著什麼東西，想引起別人的注意。

音調、語速都可以很微妙地反映出一個人說話時的心理狀況，留意他的語調語速變化，你就留意到了他的內心變化。

話題變化，風向變化

在談話中，我們要關注一下對方的話題，因為一個人的心理情況往往在話題中表露出來。也許對方並未直接說出自己的心境，但你只要仔細分析對方話題的內容，一定能獲取對方某方面的資訊，話題是心理的間接反映。

愛談論自己的人：有的人與人交談時，愛談起自己的情況，包括自己的個性、自己的愛好、自己對一些事物的看法等。這樣的人性格比較外向，也比較忠厚。一般他們的感情色彩鮮明而且強烈，主觀意識比較濃，愛公開表露自己的優點與長處，多少有點虛榮心。他們渴望交談者能關注自己，瞭解自己，自己能在眾人的談話中處於焦點位置。

不愛談論自己的人：相反來說，如果一個人不愛談論自己的有關情況，對自己的資訊很有防範傾向，哪怕一些可以公開的個人話題也不願涉及。說明這類人的性格比較內向，往往對事物的看法觀點不鮮明，感情色彩比較弱，主觀意識也比較淺薄。這類人比較保守，多少帶有自卑心理，可能也許其中有些人很含蓄，但城府很深。

愛談論別人的人：有一類人愛與對方談論第三者，將另外一個人的各方面作為話題，並滔滔不絕，評論不休。不停地向對方說起第三者的是非功過，當然還是貶低的方面多，多以批判為主。往往被談論的第三者與談話雙方都很熟悉。這時你該留心了，他不停地向你說起第三者的意圖是什麼？很可能在他批判時他還要促使你發表一下看法。這時你要明白對方的用意，千萬不可也妄加指責第三者，最好把話題岔開，可能對方是想藉機來瞭解你的一些情況。這類人不少，你最好提高警惕。

在談話中不願涉及到金錢話題的人：這類人對金錢很敏感，談話中故意繞開金錢的話題不談。他們往往信心不足，缺少理想。之所以不談金錢，是因為他們把金錢看得太重，有一種金錢至上的觀念。他們太注重現實，很有物質崇拜傾向，常將賺錢訂為自己人生的奮鬥目標，但真正有了錢卻沒什麼理想，思想上很平庸。他們即使很有錢，也不會樂善好施。當擁有巨大的財富時，他們又為自己的財產安全感到不安。這類人活得很不快樂，心靈很空虛。

愛發牢騷的人：談話中愛從某一話題中引發出牢騷來，或對人，或對事，牢騷不止。這類人多屬於追求完美的人。他們擁有很強的自信，做什麼事情要求都比較高，因為他們心中時刻樹立著最理想的金牌。一旦自己做錯了就埋怨自己，別人做得不好他更不能放過。但世間永遠沒有最好，只有更好。這類人比較理想化，在現實實際經驗中做得不夠，但只知抱怨做得不好，並不知從現實中總結經驗、吸取教訓。

愛讚美對方的人：有一類人在交談中很愛在話題中讚美別人，讚美對方的個性，讚美對方的愛好，讚美對方的職業，讚美對方的家庭，使人感覺到一種過度的恭維，沒有實在感。這類人一般會用心計。他恭維你是想讓你對他產生好感，很可能在談話中有目的，有事要求你幫忙，只是不好開口。沒有原因的恭維是不存在的。

突然轉移話題：在談話進行中也有這種情況，一方突然把話題轉移，提出令對方難以接受的苛刻條件。這種方式一般有兩個原因，一是提出方對對方感到不滿，想存心為難對方，並想透過棘手的問題挫敗對方；還有就是想試探出對方的誠意。提出一個讓對方不易接受的條件，看看對方有什麼反應，以此來探知對方的態度。這類人說話比較冒進，往往令人產生反感；但是他也是從實際出發，沒有什麼歹意。

試探性的語言：談話一方如果提出一個令對方很敏感的問題，使對方處於為難的孤立狀態，這是他想迫使對方做出果斷的選擇。一般情況下，對方要經過慎重思考才能回答。男女戀愛時經常會用這種方式來考驗對方。這樣做的目的多半是想探測對方說的是不是真心話，或者想知道對方對自己是否真的在意。

貪婪性的語言：有些人在談話中不停地詢問對方的有關情況，他是想瞭解對方的真相。不停地打聽對方的情況，這是有意瞭解對方的缺點與弱項，很可能心存不良想進一步控制對方。這時你最好岔開話題，以免他追問不休。

當你正津津有味地談論著一個話題時，對方突然插過來一個毫不相干的話題，這是因為他對你的話題根本不感興趣。這類人愛忽視別人的談話，對對方顯出不尊重。這類人還懷有極強的支配欲與自我顯示欲，所以個性比較蠻橫霸道。這類人談起話來會喋喋不休，一般不喜歡別人插話。

話題屬於談話內容的範疇，言為心聲，所以你可以從對方對話題的關注程度中判斷出他是一個怎樣的人，對什麼感興趣。在談話中把握好話題的運用，會增加你的談話資訊，提高你的談話品質。

小細節，幫你看透聽話者

交談過程中，想要說服對方，不但要注意自己的談話方式，還要觀察與揣摩對方的聽話方式。看對方的聽話態度如何，留心對方的表情與舉動，看對方是否在認真聽你說話。如果你說得天花亂墜，對方聽得昏昏欲睡，這樣的談話效果就太差了。

一個人的聽話方式，一般從以下的動作與表情中可以反映出來：

遮口：聽話時用手遮口的人，一般比較膽小、羞怯。美國一位心理學者評論前總統卡特在笑的時候，總是有意展露他那副排列整齊的牙齒，稱為「具有強烈權勢意向的證據」。透過逆向思維，刻意遮口的人，則具有相反的性格。

女性以口小為美，用手擋口是為了雅觀，掩飾其口大的缺陷。但也有某些女性，在交談聽話的過程中，刻意地用手或手絹遮口，目的是要強調自己的女性美，企圖讓人認為她教養好，以期能夠引起對方的關注。

打手勢：這類人聽話時常會有一些手部動作伴隨，如攤雙手、擺雙手、相互拍手、做暫停的手勢，這些動作好像是對對方說話內容的強調。這類人做事果斷、自信十足，喜歡充當領導者的角色，對別人愛加以指點批判。他們比較有實力，很有男子漢氣派，性格大多屬於外向型。這類人具有良好的素質，並且有很好的演講口才，說服力比較強，待人熱情，對朋友也很真誠。但他們愛掩飾自己的真實性格，不輕易把別人當作自己的知心朋友。這類人事業心很強，一般會憑自己的努力做出一番成就。

不時地拉拉耳垂：有些人聽人談話時愛拉自己的耳垂。當我們談話時，看到對方不斷用手拉耳垂，這個動作表示他不想聽你一個人說個沒完，想打斷你的談話自己發表意見。在學生時期，我們常有先舉手後發言的習慣。如果一遇到想發言的情況，便會有舉手的欲望，可是又怕回答不好老師的問題。手沒舉起來只好用拉耳垂的動作來替代，久而久之便產生了拉耳垂的習慣。因此，這類人一想到要打斷對方講話，便會一面在心裡祈望，一面用手付諸行動。

拍打自己的頭部：這個動作的意思是表示聽話人對自己懊惱和自我譴責。有些人愛拍打自己的後腦勺，說明他們比較冷酷，不太注重感情；理性思維較強，愛利用別人，對人愛挑剔。他選擇你做是有原因的，是認為你在某方面有利用價值，不過一旦你失去了利用價值他就會把你一腳踢開。但這類人比較聰明，思想獨特，做事有主見，對新事物有大膽嘗試的精神。他們勇於創新，積極開拓，只是感情淡薄人緣不好。

有些人愛拍打自己的前額，這類人一般都比較樸素單純，是心直口快的人。他們為人坦率、真誠，富有同情心，絕不會在朋友之間耍心計，有事多替朋友著想。若是女性，是一個溫柔善良的女孩，會成為一位賢妻良母。這種人心裡往往藏不住秘密，愛把話說出來，但常常被人誤會，不過他沒有歹意。

玩弄飾物：聽話時愛玩弄手邊的小東西。這類人一般都比較內向，不愛多說話，不輕易使感情外露。但他們感情細膩，做事認真踏實，對工作認真負責，對朋友託付的事一定盡力辦好。生活中這類人比較勤快，會將自己的小環境收拾得井井有條。

攤手聳肩：攤開雙手，聳聳肩膀，一般是表示自己無所謂，滿不在乎。習慣於這種動作的人大多為人熱情，辦事認真，又富有想像力；會打點自己的生活，也會享受生活。他們沒有太大的理想，家庭和睦、生活美滿就是他們最大的願望。

用鼻子吹氣：聽人談話常用鼻子吹氣的人，一定是有煩心事，或遇到了什麼麻煩，但有礙於面子不好向對方開口。你如果能主動提出為他幫忙，他會很感激你，成為你最忠實的朋友。

低頭聽話：總愛低頭聽人講話的人，為人慎重，含蓄不愛張揚，最看不慣別人使用師長式的言行。這類人做事謹慎、認真，但比較固執，不聽人勸告。

腿腳抖動：這類人聽別人說話時總是喜歡用腳或腳尖使整個腿部抖動，有時還用一隻腳的腳尖拍打地板啪啪作響。這種人性格保守，自私自利，很少考慮別人；但他們很有思想見解，愛探討哲學問題。

邊聽話邊咬手指或指甲：這類人性格焦躁，沒有耐性，容易緊張，頭腦比較簡單，理性思維較差。

—第六章—

主動出擊，探清對方的虛實

俄羅斯流行一句諺語：「語言不是蜜，卻可以黏住一切東西。」但想要讓你的話語黏住一切，說話就要有的放矢，注意針對性。這就要求我們在交際中，能夠對對方的性格、文化程度、文化背景、心理狀態等因素多加瞭解。

與陌生人交談，先提一些投石問路式的問題，在略有瞭解後再有目的地交談，便能談得較為自如。

探探他的心有多深

美國有一位著名的談判專家，他的鄰居是一位醫生，這位醫生的房屋由於遭到了颱風的襲擊而受到了一些破壞。房子是在保險公司投過保的，醫生準備向保險公司索賠，便請這名專家來幫忙。醫生給保險公司打電話，保險公司的理賠調查員很快來到了他的家裡。他主動先向談判專家打招呼：「你好，先生，很榮幸在這裡見到你。」談判專家聽了這樣的問候，立刻明白了對方心裡的感受，他也熱情回應對方：「你好，見到你很高興。」

接著，理賠員單刀直入了，「先生，我知道像你這樣的交涉專家都是權威，但在今天的賠償上，恐怕我們不能夠賠的太多，請問你，如果我只想賠給你一百美元，你覺得怎麼樣？是不是嫌太少了？」憑藉多年的經驗，再加上從對方口裡聽出來的語氣，談判專家判斷這個數額絕不是對方的心理底價，這次出價之後一定還有第二次，甚至第三次，第四次。而且理賠員一開口就說他只能賠多少，顯然是他自己也覺得這個數目太少，不好意思開口說，於是他選擇了沉默。

理賠員果然沉不住氣了，他主動說道：「抱歉，請不要介意我剛才的提議，我再加一點。二百美元如何？」談判專家說道：「不行，我還是不可能接受你這樣的條件，數目少得簡直難以置信。」於是對方又說道：「那好吧，我賠給你三百美元怎麼樣？」談判專家又一次回答：「絕對不行。」「好吧，那就四百美元，這個數額已經很高了。」「我還是接受不了，你再來看一下房子的受損情況吧！」就這樣，理賠員一次次將賠償金增加，最後竟然以驚人的九百美元的賠償費結束了這次談判。

【人際交往中，攻心為上！】

在交際過程中，能否抓住對方的軟肋，是很重要的，一旦你知道了對方的底線，再以正確的方法進行處理，勝算肯定是在你這邊的。

關鍵時刻，一定要冷靜地分析對方的思想，而這往往會成為你勝出的關鍵。所以面對強大的對手，自己一定要穩住，不能讓對方識破自己的底線，這樣才能掌握主動權。

精明的談判者都會不擇手段地揣摩對方的真實意圖，摸清了底牌，就掌握了談判的主動權，這時再以什麼方式取勝，便是技術問題了。暫時離開談判桌，也就是說，以退要脅達到進的目的，就是常用的一種。

有一年，在比利時某畫廊發生了一件事：

美國畫商看中了印度人帶來的三幅畫，標價為二百五十美元，畫商不願出此價格，於是便展開了一場唇槍舌劍，但誰也不肯退縮，談判進入了僵局。那位印度人生氣了，怒氣衝衝地當著美國人的面把其中一幅畫燒了。美國人看到這麼好的畫燒了，當然感到十分可惜。他問印度人剩下的兩幅畫願賣多少錢，回答還是二百五十美元。美國畫商也毫不退讓，又拒絕了這個價格，這位印度人把心一橫，又燒掉了其中一幅畫。美國畫商只好乞求他千萬別再燒最後這幅畫。當他再次詢問這位印度人願賣多少錢時，賣者說道：「最後一幅畫能與三幅畫是一樣的價錢嗎？」最後，這位印度人手中的最後一幅畫竟然以六百美元的價格成功拍板成交。

當時，其他畫的價格都在一百美元到一百五十美元之間，而印度人這幅畫價卻能賣到如此之高，其中的原因何在？首先，他燒掉兩幅畫以吸引那位美國人，便是採用了「以退為進」的戰略，因為他「有恃無恐」，知道自己出售的三幅畫都是出自名家之手。燒掉了兩幅，剩下了最後一幅畫，正印證了「物以稀為貴」。同時，印度人還瞭解到這個美國人喜歡收藏古董名畫，只要他愛上這幅畫，就絕對不會輕易放棄，寧肯出高價也一定要買走珍藏。聰明的印度人施展這招果然很靈，一筆成功的生意唾手而得。

在商談中，賣方很想出售自己的商品，而買方則會提出種種藉口，以圖達到最高利益，這個時候，以退為進的戰略便會大奏奇效。

當然，想要利用這種策略，就必須要擁有一定的後盾，把握好分寸。「不打無準備之仗」，心中沒有十分的把握而輕易使用此計，難免弄巧成拙。如果那位印度人不瞭解美國人喜愛古董的習慣，不能肯定他一定會買下那最後一幅畫而去燒掉前兩幅，如果最後美國人沒有買那幅畫，印度人可就是「賠了夫人又折兵」，後悔莫及。

社交場合中，不要以為談判就非得談不可。其實，有時候離開談判桌，不是你不想做成這筆交易，而是成交的有效手段，交易籌碼通常只多不少。所以，談判時，別忘了隨時準備離開談判桌，而且要說到做到。當你再度回到談判桌上時，行情往往看漲。

當然，這需要一定的技巧，要根據當時的實際情況具體對待。而且一個人的應變能力是以人生經驗為基礎的，經過多次實際經驗，必然會變得老練聰明。與此同時，應變能力也反映著一個人的機智和修養。這方面功底深厚的人，才有可能在情況發生變化時化險為夷，化拙為巧，使自己擺脫不利的境地，並在交際中取得良好的效果。

引蛇出洞，讓他自己上鉤

有時候，掌握了足以制服對手的有力證據，但卻因時機不成熟或環境不適宜而不便拋出。為了能夠拋出證據，必須採取一些措施，引誘對手進入自己所需的時機或環境之中，然後一舉擊潰。對於一個談判者來說，引蛇出洞不失為一種好方法。

美國有一家電腦廠授權某家電腦公司代加工，代工公司為慎重起見，於是到波士頓與美國這家廠商面談。當時，代工公司規模小，很需要這筆業務，所以在與美國公司談判時，花了不少時間建立自己的形象，強調自己的長處。但美國廠商似乎不太關心這個議題，只是不斷重複一句話：減價！

結果代工公司就有點不爽快，心裡想：我大老遠跑來，你心裡卻只想著減價，如果你只想比價，就用不著來找我，你自己下游的製造商已經夠多的了。

代工公司去的那位經理非常厲害，他運用了「引蛇出洞」的談判策略：我不談了！

結果把美國廠商嚇了一跳。

代工公司的目的就是為了引對方說出合作的原因，他們大老遠地把這家公司找去，一定是因為他們有什麼超越其他同業的地方。然而，在談判的過程中，美商卻遲遲不肯透露，於是那位經理就停止談判，這次美國廠商緊張了，終於說出了看中他們的原因。

見美商已經「上鉤」，這家代工公司就由被動變為了主動，最終也達到了預期的效果。

談判中，想要達到預期的目的，就要懂得引「蛇」出洞這一招，把對方誘到所設的圈套內，只要掌握了對方，你就會獲得主動權，進而贏得這場談判。

在談話過程中，想要掌握主動權，就要讓對方跟著你的思路走，而且讓他對你的話無法反駁。這就需要你聰明地設個「圈套」，請君入甕，讓他不打自招：

從老房子搬進高樓，小李真是興奮極了。樓高十八層，小李住十七樓，站在陽台上，正好遠眺市中心的美麗景觀。唯一美中不足的是小李那十幾盆花。因為陽台朝北，不適合種，適合種的是東側，卻只有窗，沒陽台。

「何不釘個花架？什麼都解決了！」有朋友建議，並且介紹專門製作花架的張老闆給小李認識。

只是，自從釘了花架，雖然還沒有擺花盆上去，小李卻一直做惡夢。夢見花架釘的不牢，花盆又重，突然垮了下去，直落十七層樓，正好落到路人的頭上……

小李滿身冷汗地驚醒，走到窗前，把頭伸出去往下看。都已經深夜了，居然還人來人往，熱鬧非常。想想！這個時候花架掉下去，就不得了了，要是大白天出了事，後果不就更嚴重！

想到這裡，小李打了個冷顫。可是花架已經釘上去了，花盆又沒處放，看樣子，是必非釘不可了。

要完工的那天，小李特別請假，在家監工。

張老闆果然是老手，十七層的高樓，他一腳就伸出窗外，四平八穩地騎在窗口。再叫徒弟把花架伸出去，從嘴裡吐出鋼釘往牆上釘。

張老闆活像變魔術似的，不知道嘴裡事先含了多少釘子，只見他一伸手就是一支，也不曉得釘了多少。突然跳進窗內：

「成了，你可以放花盆了。」

「這麼快！夠結實嗎？花盆很重的！」小李不放心地問。

「笑話！我們三個人站上去跳，都撐得住，保證二十年不是問題，出了問題找我。」張老闆豪爽地拍拍胸口。

「這可是你說的。」小李馬上找了張紙，擬了份簡易合約，又遞了紙筆給張老闆，「麻煩你，簽個名。」

「什麼？你要……」張老闆好像不相信自己的耳朵。可是，看小李一臉嚴肅的樣子，又不好意思不寫，正猶豫時，小李說話了：

「如果你不敢寫，就表示不結實。這樣掉下去，可是人命關天，不結實的東西，我是不敢收的。」

「好！我寫，我寫。」張老闆勉強地寫了保證書，擱下筆，對徒弟一瞪眼，「把傢伙拿出來，出去！再多釘幾根長釘子，出了事，我們可要吃不了兜著走了。」

說完，師徒二人又足足忙了半個多鐘頭，檢查再檢查，才氣喘吁吁地離去。

拋磚引玉，讓他說更多

鬼谷子說過，正如對事物的考察要經歷從今到古、從古回今的過程，對人的試探也要經過多次反覆的回答。好比投石問路，不斷地收集對方的資訊，觀察他的反應。特別是要誘導對方多多說話，讓他情不自禁地說出真情。也可以你先開口說幾句簡單的話，靜聽對方的反應。如果對方已進入狀況，就隨時詢問他，讓他打開心扉。說話時最好引述各種實例，給人以具體的形象，以刺激對方的發言欲望。

別人講話是處於動態，自己傾聽是處於靜態。以靜待動，以安待嘩，對方的氣勢莫不衰竭，對方的實情莫不透露。以無形的技巧釣有聲的語言，如果他所說又與事實相符，其人的真情畢至。如果一個人對此道熟諳深察，他就掌握了打開人心的鑰匙。

喬・庫爾曼（Joe Culmann）是著名美國金牌壽險業務員，是第一位連任三屆美國百萬圓桌俱樂部主席的業務員。他成功的秘訣之一，就是擅長拋磚引玉性的提問。如客戶說「你們這個產品的價格太貴了」，他會說「為什麼這樣說呢？」「還有呢？」「然後呢？」「除此之外呢？」

提問之後馬上閉嘴，然後讓客戶說。「客戶說得越多，他越喜歡你」，這是每個銷售人都應該記住的名句。

客戶一開始說出的理由不是真正的理由，拋磚引玉性提問的好處在於你可以挖掘出更多的潛在資訊，更全面地做出正確的判斷。當你說出「除此之外」的最後一個提問之後，客戶都會沉思一會兒，謹慎地思考之後，說出他為什麼要拒絕或購買的真正原因。

在社交活動中，想要掌握主動權，就要學會拋磚引玉、投石問路，這樣才能盡可能多地瞭解對方的情況，瞭解他的最小極限值是什麼，並對其需要做出相應的回答，也只有這樣才不會使自己處於劣勢。

在商業談判中，當對對方的商業習慣或真實意圖不大瞭解時，透過巧妙地向對方提大量問題，並引導對方做出全面的正面回答，然後得到一些不易獲得的資料。關鍵的地方在於：不陳述自己的觀點，讓他們多說，進而來摸索、瞭解對方的意圖以及某些實際情況。

有一位做服裝生意的商人，當他看好某一新款式的西裝將有很大的獲利空間時，便決定購進四百件，因此他便展開了與大盤商談判的較量。為了瞭解從大盤商處批發這批服裝的極限價，也就是服裝的最低價格，他要求大盤商分別對購買四十件、四百件、四千件乃至四萬件的報價。

大盤商把報價單送來後，眼光敏銳的他立即從中獲得了許多有用的資訊。由於大盤商一般不願失去此次賣出四百件，乃至多十倍、百倍的大筆生意，因而在報價中它的價格會作以相應的下降。

從這種下降趨勢之中，他十分容易地就瞭解到西服的最低價（最小極限值）。在這種知己知彼的情況下，這位商人以最滿意的價格做成了這筆西裝交易。

但是，常拿「釣人之網」套人語言，對方終究會發現自己的上當而不再應答，這時就要以誠摯的語言感動他，作為對他袒露心跡的報答。如果對方的感情隨之而動，就加緊引導和控制。自己不斷地追問，對方不斷地應答，言語具體又能推理，大事可定。如此反覆，一切事情都可遊說。高明的人以此誘導無論是智者還是愚者，都能得到真情實事。

應該怎麼拋出我們的「磚」？什麼樣的磚才能引來玉？

當你與一位剛剛認識或不知底細的人交談時，避免冷場的最佳方法是不停地變換話題，你可以用提出一些問題的方法進行「試探」。一個話題談不下去時，就換到另一個話題，你也可以接過話頭，談談你最近讀過的一篇有趣的文章，或說說你剛剛看過的一部精彩的電影，也可以描述一件你正在做的事情或者正在思考的問題。如果談話出現短暫停頓，不要著急，不必無話找話談，沉默片刻也無妨。談話是交流，可以涓涓細流，不必像賽跑那樣拼命地衝到終點。

很多時候，一句恰到好處的提問就夠了，而許多難忘的談話也都是由一個問題開始的。

在一個談論自己成功之道的宴會上，眾多成功的企業家無暇出席，小王的老闆由於有重要事情要辦，便讓小王代表自己來參加這次宴會。小王本打算露露臉過去就行了。可是，來到晚宴，發現全場只有六桌，自己還被拉到主桌，坐在小王旁邊的是一個大富翁。當晚，小王覺得很難熬。可是，他只說了一句話，那位富翁整晚就滔滔不絕。

小王只是問：「早就聽說你公司的大名了，可以請教你的生意是怎樣成功的？」於是那位大富翁便滔滔不絕地講起他從年輕到今天的奮鬥過程。

由此看來，提問的方法是非常有效的。不必配合不同的環境去找不同的話題，只要你記住「請教」這兩個字，就可以馬上讓對方打開話匣子。

另外，在提問的時候，可以把對方下意識的小動作當成打開沉默的話題，這也不失為一個好的辦法。

通常面對這類問話，人們都會熱心地回答，說不定還會喚起對方滔滔不絕的回憶呢。而對較內向、看來羞怯的人，不妨多發問，幫助他把話題延續下去。

準備充分，才有優勢

在我們討價還價之前，一定要做足準備，先搞清楚行情，再進入博奕中，否則將會陷入對方設定的騙局。這就是為什麼「貨比三家」這條策略如此重要的原因了。

在任何的談判博奕展開之前，準備得越充分，對自己越有利，勝算的把握也越大。

美國總統尼克森在一次訪問日本時，季辛格以美國國務卿身份同行。尼克森總統在參觀日本京都的二條城時，曾經詢問日本的導遊小姐大政奉是哪一年？導遊小姐一時答不上來，季辛格立即從旁答應：「一八六七年。」

這件小事說明季辛格在訪問日本前，已經深深瞭解和研究過日本的情況，閱讀了大量有關資料以備不時之需。

美國人十分注重商業談判技巧，在行動前總要把目標方向瞭解清楚，不主張貿然行動。所以，他們的生意成功率較高。美國商人在任何商業談判前都先做好周密的準備，廣泛收集各種可能派上用場的資料，甚至對方的身世、嗜好和性格特點，使自己無論處在何種局面，均能從容不迫地應付。

一家美國公司與日本公司洽談，欲購買國內急需的電子機器設備。日本人素有「圓桌武士」之稱，富有談判經驗，手法多變，謀略高超。美國人在強大對手面前不敢掉以輕心，組織精良的談判團隊，對國際行情做了充分瞭解和細緻分析，制定了談判方案，對各種可能發生的情況都做了預測性估計。

美國人儘管做了各種可能性預測，但在具體方法的步驟上還是缺少主導方法，對談判取勝沒有十分把握。談判開始，按國際慣例，由賣方首先報價。報價不是一個簡單的技術問題，它有很深的學問，甚至是一門藝術：報價過高會嚇跑對方，報價過低又會使對方佔了便宜而自身無利可圖。

日本人對報價極為精通，首次報價一千萬日元，比國際行情高出許多。日本人這樣報價，如果美國人不瞭解國際行情，就會以此高價作為談判基礎。但日本人過去曾賣過如此高價，有歷史依據，如果美國瞭解國際行情，不接受此價，他們也有辭可辯，有台階可下。

事實上，美國人已經知道了國際行情，知道日本人在放試探性的話題，果斷地拒絕了對方的報價。日本人採取迂迴策略，不再談報價，轉而介紹產品性能的優越性，用這種手法支持自己的報價。美國人不動聲色，旁敲側擊地提出問題：貴國生產此種產品的公司有幾家？貴國產品優於德國和法國的依據是什麼？

用提問來點破對方，說明美國人已瞭解產品的生產情況，日本國內有幾家公司生產，其他國家的廠商也有同類產品，美國人有充分的選擇權。日方主談人充分領會了美國人提問的含意，故意問他的助手：「我們公司的報價是什麼時候定的？」這位助手也是談判的老手，極善於配合，於是不假思索地回答：「是以前定的。」主談人笑著說：「時間太久了，不知道價格有沒有變動，只好回去請示總經理了。」

美國人也知道此輪談判不會有結果，宣布休會，給對方以讓步的餘地。最後，日本人認為美國人是有備無患，在這種情勢下，為了早日做成生意，不得不做出退讓。

「準備充分再做交易。」這是美國人的經商法則。在經商過程中，如果遇到不懂的問題，美國人會問到自己徹底弄清楚以後才善罷甘休。美國人這種問則問個水落石出的性格，在商業談判中可以徹底地表現出來。

美國的克萊斯勒汽車公司擁有雄厚的資金，曾是美國第十大製造企業，但自進入二十世紀七〇年代以來該公司卻屢遭厄運，從一九七〇年至一九七八年的九年內，竟有四年虧損，其中，一九七八年虧損額達二・〇四億美元。在此危難之際，艾柯卡出任了總經理。為了維持公司最低限度的生產活動，艾柯卡請求政府給予緊急經濟援助，提供貸款擔保。

但是這個請求引起了美國社會的軒然大波，社會輿論幾乎眾口一詞：「克萊斯勒趕快倒閉吧！按照企業自由競爭原則，政府絕不應該給予經濟援助。」

最使艾柯卡感到頭痛的是國會為此而舉行了聽證會，那簡直就是在接受審判。委員會成員坐在半圓形高出地面八尺的會議桌上俯視著證人，而證人必須仰著頭去看詢問者。參議員、銀行業務委員會主席威廉・普洛斯邁質問他：「如果保證貸款案獲得通過，政府對克萊斯勒將介入更深，這對你長久以來鼓吹得十分動聽的主張（指自由企業的競爭）來說，不是自相矛盾嗎？」

「你說得一點也不錯，」艾柯卡回答說，「我這一輩子一直都是自由企業的擁護者，我是極不情願來到這裡的，但我們目前的處境進退維谷，除非我們能取得聯邦政府的某種保證貸款，否則我根本沒辦法去拯救克萊斯勒。」

他接著說：「我這不是在說謊，其實在座的參議員們都比我還清楚，克萊斯勒的請求貸款案並非首開先例。事實上，你們的帳冊上目前已有了四千多億元的保證貸款，因此務請你們通融一下，不要到此為止，請你們也全力為克萊斯勒爭取四千一百萬美元的貸款吧，因為克萊斯勒是美國的第十大公司，它關係到六十萬人的工作機會。」

艾柯卡隨後指出日本汽車正乘虛而入，如果克萊斯勒倒閉了，它的幾十萬職員就得成為日本企業的員工，根據財政部的調查資料，如果克萊斯勒倒閉，國家在第一年裡就得為所有失業人口花費二十七億美元的保險金和福利金。所以他向國會議員們說：「各位眼前有一個選擇，你們願意現在就付出二十七億，還是將它一半作為保證貸款，日後並可全數收回？」持反對意見的國會議員無言以對，貸款終獲通過。

艾柯卡在這次關鍵的談判博奕中勝出，可以想像，他之前做了多麼龐大的準備工作，他調查了政府所發放的保證貸款，搜集了財政部的調查資料，找到了為贏得貸款所需要的一切論證。當他拿出這些有利證據時，政府委員已經失去了討價還價的主動權。

觀其為人，投其所好

要瞭解一個人，從側面觀察是很好的方法。除了前面教你的識人之術，你還可以看看他交往的朋友，藉以瞭解他的為人。如果他的朋友都是正直的、善良的，那這個人也不會壞到哪裡去的。如果這個人交往的都是管理階層、老闆等，那這個人的經濟實力也不會差的。

大致瞭解一個人之後，你就要順著對方的心意，做到投其所好，真誠地讚美對方的長處，使對方心情愉悅，拉近雙方的距離，消除隔閡。然後，再一步步地將自己的想法和盤托出，用話語巧妙地引領對方一層層地聽清你要說的話，對方也會心甘情願答應你的請求。

比如，一個人給你看了他小孩的相片，你一定要誇小孩，如果你無聲地放回去，別人一定會不高興。一個人升官了，第二天見到他，一定要用大官的稱呼去叫他，用大官的職權去恭維他，以及壓低自己和別人做比較，扮演一個捧人的角色；記住對方特別的日子，或是特別的事情，在關鍵的時候提出來，給對方以驚喜，瞭解別人的興趣與愛好……這樣，你在求人辦事時，才不會遭到拒絕。

傑克是美國一家煤炭商店的業務員。這家商店生意雖然還算不錯，但相鄰的那家規模龐大的連鎖商店，用煤卻從來不在傑克的店中進貨，寧願跑遠路到別的煤炭商店去購買。這個情況，使傑克百思不得其解，每當他看到連鎖商店的運輸卡車拉著從別家店中購買的煤炭從自己的店門口飛奔而過時，心中便泛起一種說不出的滋味和苦惱。「這樣下去不行！連緊鄰的關係都打不通，我怎能算是一個業務人員！」於是，傑克下定決心，一定要說服或打通連鎖商店總經理從他們的店中購買煤炭。

一天上午，傑克彬彬有禮地出現在連鎖商店總經理的辦公室裡。「尊敬的總經理先生！」傑克說道：「今天來打攪你，不是為了向你推銷我店的煤炭，而是有一件事想請你幫忙：最近我們準備就『連鎖商店的普及化將對我們產生什麼影響』為題，開一個討論會，我將要在會上發言。你知道，在這個方面，我是一個外行。因此，我想向你請教有關這方面的一些知識和情況。因為除了你，我再也想不出其他更加合適的、能給我以指點的人了。我想你不會拒絕我的請求吧！」

結果怎樣呢？事後，傑克這樣說道：「原先，我和這位總經理約定，只打擾他幾分鐘。這樣，他才勉強同意接待我。結果，我們談了將近兩個小時。這位總經理不僅談了他本人經營連鎖商店的經過，對連鎖商店在國家商業中的地位與作用的認識，而且還吩咐一位曾寫過一本關於連鎖商店的小冊子的部下，送一本他寫的書給我；他又親自打電話給全美連鎖商店工會，請他們給我寄一份有關這個問題的討論記錄稿副本。談話結束，我起身告辭，這位總經理笑容滿面地將我送到門口。他祝我在討論會上的發言能贏得聽眾，又再三叮囑我一定要將討論會的詳情告訴他。臨別時，他對我說的最後一句話是『從明年春季開始，請你再來找我。我想本店的用煤由貴店來提供，不知行不行？』」

一個長時間沒能解開的死結，被傑克用兩小時的談話就解開了。

俗話說：「酒逢知己千杯少，話不投機半句多。」託人辦事更是如此，要開動腦筋，注意觀察，迅速找到共同點，以此作為一種契機，與受託對象進行和諧的談話。

有一位老記者去採訪一位科學家，到了科學家那裡，老記者看到牆上掛著幾張風景照，心想科學家一定很喜歡攝影，於是就談起了構圖、色調。

原來，這位科學家就愛好攝影，他興致勃勃地拿出了他的相冊，談話氣氛非常融洽。正是由於這種氣氛，使後面的正題採訪進行得非常順利。

求人辦事，就得把握好對方的脾氣愛好和欲望所需，揣其所思，投其所好，讓對方感到自然愉悅，深信不疑。如此利用情趣或利益把對方吸引住了，對方才肯為你的事情付出代價，他所一直堅守的「原則」也就不叫原則了。

英國皮鞋廠的一位業務員曾多次拜訪倫敦的一家皮鞋店，但其拜會老闆的請求都被鞋店老闆拒絕了。

這天，他又來到了這家鞋店，口袋裡裝著一份報紙，報紙上刊登著一則關於變更鞋業稅收管理辦法的消息。業務員認為這則消息有利於幫助店家節省很多費用，因此就希望帶給皮鞋店老闆，讓他看看。

當他來到鞋店前時，就大聲地對鞋店的一位售貨員說：「請你轉告你的老闆，說我有辦法讓他發財，不但可以讓他大大減少訂貨費用，還可以賺大錢！」

很快，老闆同意接受他的拜會。

勸導不如誘導，為對方的利益考慮，他會比較感興趣。如果那位業務員還是和往常一樣的勸導皮鞋店老闆，結果肯定和前幾次一樣。

經過心理學家及社會學家的實驗所證明，當一個人很有興趣地談到他的專長，或他所取得的成績，或他的業務成果時，你適時地提出與之相關的要求，這時他拒絕你的可能性是最小的，你的要求得到滿足的成功率也是最大的。所以當你有求於人時，與其央求他，還不如用讚美的話去婉求他，營造一個合適的氣氛，使你的需求最大可能和最大程度地得到滿足。

以上所有的故事都在告訴我們，要投其所好。但不要呆板地正面去投其所好，側面地投其所好更為有效。

求人辦事時，央求不如婉求，勸導不如誘導。只知道自己訴苦，一味地去央求別人幫忙，激發別人的同情心，是遠遠不夠的。求人辦事，委婉地讚美對方的能力和權威，如果他再不為你辦事，他就會在自尊心上掛不住，臉上無光。只要你讚美得當，抓住對方的弱點，對方就沒法拒絕你，你也就沒有辦不成的事。

一第七章一

細心謹慎，不讓小人得志

現今社會，真小人者有之；偽君子者有之；當面君子、背後小人者有之；為利做小人者有之；被迫做小人者也有之，凡此種種，不一而足。你需要睜大眼睛，認出你身邊的小人，然後小心應對。

論實力，小人並不強大。但他們會不擇手段，什麼下三濫的招數都可能使出來。和小人發生了衝突，即使是贏了，也要付出一定的代價，惹得一身的麻煩。所以，如何辨別小人、保護自己就顯得非常重要。

擦亮雙眼，洞穿小人

人們最恨的，往往不是他們的敵人，而是小人。因為敵人處於明處，我們會有所防備，但小人卻往往防不勝防。而且，他們總是混跡於朋友之中，讓你真假莫辨。

「小人」沒有特別的樣子，臉上也沒寫著「小人」二字，有些小人甚至還是一副表面光鮮的樣子，有口才也有內才，透著「大將之才」，根本讓你想像不到。

大體言之，「小人」就是做事做人不守正道，以邪惡的手段來達到目的的人，所以他們的言行有以下的特色：喜歡造謠生事；喜歡挑撥離間；喜歡拍馬奉承；喜歡踩著別人的鮮血前進；喜歡落井下石；喜歡找替死鬼；喜歡把自己的歡樂建立在別人的痛苦之上。

事實上，「小人」的特徵不止這些，總而言之，凡是不講法、不講理、不講情、不講義、不講道德的人都帶有「小人」的性格。

許多人對朋友不善猜測度評價，在危機之中常選錯了庇護之所，被人出賣甚至落井下石。

在危難時，曾被懷疑的朋友往往成為救星，被十分信賴的朋友卻往往成為叛逆。

必須知道，世上之人有很多人心口不一，表裡不同，要看出來是很難的。順境中，特別在你春風得意時，凡來往多的都可以稱之為朋友。大家禮尚往來，杯盞應酬，互相關照。但如果風浪驟起，禍從天降，比如你因事而落魄，或蒙冤被困，或事業失意，或病魔纏身，或權勢不存……這時，你倒楣自不消說，就連昔日那些笑臉相對，過從甚密的朋友也將受到嚴峻考驗。他們對朋友的態度、距離，必將暴露得一清二楚。那時，勢利小人會退避三舍；擔心自己仕途受挫的人，會劃清界限；酒肉朋友因為無酒肉誘惑而另找飯局；甚至還有人會趁人之危落井下石，踩著你的肩膀向上爬。當然，也有始終如一的人繼續站在你身邊，與你禍福相依，患難與共。

古人曾經說：「居心叵測，甚於知天，腹之所藏，何從而顯？」答曰：「在患難之時。」此時真朋友、假朋友、親密的、一般的、「投機者」就涇渭分明了。

在利益面前各種人的靈魂也會赤裸裸地暴露出來。有的人在對自己有利或利益無損時，可以稱兄道弟，顯得親密無間。可是一旦有損於他們的利益時，他們就像變了個人似的，見利忘義，唯利是圖，什麼友誼、什麼感情統統拋到腦後。

當然，大公無私、吃虧讓人、看重友誼的還是多數。但是，在利益得失面前，每個人總會亮相的，每個人的心靈會鑽出來當眾表演，想藏也藏不住。擦亮眼睛，多長一個心眼，謹防身邊披著「朋友」外衣的「小人」。

「最危險的地方是最安全的地方，最險惡的敵人也許會是最貼心的朋友」，交友時，請看清你面前的「朋友」。有時候，朋友往往是你最危險的敵人，在你以之為友、放鬆戒備的時候，對方卻已經早早為你設下了欺騙的圈套。

春秋末年，晉國的中行文子被迫流亡在外。有一次，經過一座城池時，他的隨從提醒他道：「主公，這裡的官吏是你的老友，為什麼不在這裡休息一下，等候著後面的車子呢？」

中行文子答道：「不錯，從前此人待我很好，我有段時間喜歡音樂，他就送給我一把鳴琴；後來我又喜歡佩飾，他又送給我一些玉環。這是投我所好，以求我能夠接納他，而現在我擔心他要出賣我去討好敵人了。」

說完此話，中行文子很快地就離去。果然之後不久，這個官吏就派人扣押了中行文子後面的兩輛車子，獻給了晉王。

中行文子在落難之時，能夠推斷出「老友」的出賣，避免了被其落井下石的災難，這可以讓我們得到如下啟示：當某朋友對你，尤其你正處高位時，刻意投其所好，他多半是因為你的地位而結交，而不是看中你這個人本身。這類朋友很難在你危難之中施以援手。

但是可惜的是，在普通的人當中，像中行文子這般洞明世事的人並不多見，像《伊索寓言》中的鹿一樣的人卻比比皆是：

有一頭鹿口渴得難受，來到一處泉水邊。牠喝水時，望著自己在水裡的影子，看見自己的角長而優美，洋洋得意，但看見自己的腿似乎細而無力，又悶悶不樂。鹿正自思量，忽然跳出來一頭獅子追他。牠轉身逃跑，把獅子拉開好遠。這樣，在空曠的平原上，鹿一直跑在前頭，保住了性命；到了叢林地帶，牠的角被樹枝絆住，再也跑不動，就被獅子捉住了。鹿臨死時對自己說道：「我真倒楣，我原以為會敗壞我的救了我，我十分信賴的，卻使我喪命。」

相比而言，狐狸就聰明多了：

狐狸躲避獵人，看見一個伐木人便請求把他藏起來。伐木人叫狐狸到他的茅屋裡去躲著。過了不久，獵人趕到了，問伐木人看見狐狸沒有。伐木人一面嘴裡說沒看見，一面打手勢，暗示狐狸藏在什麼地方。但是，獵人沒有注意到他的手勢，卻相信了他的話。狐狸見獵人走了，便從茅屋裡出來，不打招呼就要走。伐木人責備狐狸，說他保全了性命，卻連一點謝意都不表示。狐狸回答說：「假如你的手勢和你的語言是一致的，我就該感謝你了。」

這隻狐狸面對一個人做的「好事」，並未受到表面的迷惑。對於口裡說要行「好事」，實際上要做壞事的人，有一種很好的識別方法：觀其表面之意而作反解，可即刻識破其虛假勾當。逆向思維的角度，能讓我們從一個籠罩著光環的好人好事的反面，去發現從正面很難看見的背影，進而避免輕信所帶來的失誤。

無論在日常生活中還是在工作事業上，凡事均須擦亮眼睛，不放過事物細微的變化，遇到異常現象更須立即提高警惕，不能粗枝大葉、疏於防範。「害人之心不可有，防人之心不可無」，莫讓別有用心的「小人」有機可乘，進而置自己於困難或危險之地，給自己的事業和生活造成損失。

小人可惡，當心敷衍

每個地方都有「小人」，和「小人」的關係若處理不好，你就會常常吃虧。君子與小人不兩立，而小人與君子不同謀。君子坦蕩蕩，用心於正，疏於防備；小人長戚戚，用心於邪，暗施詭計，讓人防不勝防。所謂：寧願得罪君子，不得冒犯小人。做人不但要敬君子，更要敬小人，這才是明哲保身的好辦法。

應該如何妥善處理和「小人」的關係呢？以下是一些基本原則：

不得罪他們——留心防範：「小人」一般來說，「小人」比「君子」敏感，心理也較為自卑，因此你不要在言語上刺激他們，也不要在利益上得罪他們，尤其不要為了「正義」而去揭發他們，那只會害了你自己！自古以來，君子常常鬥不過小人，因此小人為惡，讓有力量的人去處理吧！

保持距離——與小人保持適當的距離，才是保護自己的妙藥良方：別和小人過度親近，保持淡淡的同事關係就可以了，但也不要太過疏遠，好像不把他們放在眼裡似的，否則他們會這樣想：「你有什麼了不起？」於是你就要倒楣了。所以，與小人保持適當的距離才是保護自己的妙藥良方。

小心說話——不要讓小人在你嘴裡獲得什麼口風：和小人聊天，說些「無關緊要」的話就可以了，如果談了別人的隱私，談了某人的不是，或是發了某些牢騷不平，這些話絕對會變成他們興風作浪和有必要整你時的把柄。所以，不要讓小人在你嘴裡獲得什麼口風。

不要有利益瓜葛——不要想靠小人來獲得利益：不要妄想從小人那裡得到什麼好處，因為你一旦得到利益，他們必會要求相當的回報，小人常成群結黨，霸佔利益，形成勢力，你千萬不要想靠小人來獲得利益，因為你一旦得到利益，他們必會要求相當的回報，甚至纏著你不放，想脫身都不可能！

吃些小虧無妨——切莫因為吃點小虧而與小人發生爭執：「小人」有時也會因無心之過而傷害了你，如果是小虧，就算了，因為你找他們不但討不到公道，反而會結下更大的仇。所以切忌因為吃點小虧而與小人發生爭執。

君子布陣鳴號角出去，小人用夜戰施煙火突襲，因此要敬畏小人，防備小人。

【人際交往中，攻心爲上！】

曾經為大唐中興立下了赫赫戰功的唐朝名將郭子儀，不僅在戰場上戰無不勝攻無不克，而且在待人處世中，還是一個善於對付小人的高手。郭子儀在與小人打交道的時候有他自己的秘訣，那就是「寧得罪君子，不得罪小人」。

「安史之亂」平定了後，功高權重的郭子儀沒有開始居功自傲，然而為了防小人的嫉妒，他反而比原來更加小心了。

有一次，朝中有一個地位比自己低的官僚盧杞要來拜訪郭子儀，此人乃歷史上聲名狼藉的奸詐小人，相貌奇醜，生就一副鐵青臉，臉形寬短，鼻子扁平，兩個鼻孔朝天，眼睛小得出奇，人們都把他看成是一個活鬼。正是因為這樣，婦女們在看到他以後都不免的會掩口失笑。因家中侍女成群，郭子儀事先做了周密安排，聽到門人的報告，他立即讓身邊人避到一旁不要露面，他自己等待。

盧杞走後，姬妾們又回到病榻前問郭子儀：「許多官員都來探望你的病，你從來不讓我們躲避，為什麼此人前來就讓我們都躲起來呢？」郭子儀微笑著說：「你們有所不知，這個人相貌極為醜陋而內心又十分陰險。你們看到他萬一忍不住失聲發笑，他的心裡一定會心存忌恨，如果此人將來掌權，我們的家族就要遭殃了。」郭子儀對這個人比較瞭解，所以在與他接觸的時候就做到了小心謹慎。

後來，盧杞當了宰相，他想盡了一切的報復之事，把所有以前得罪過他的人統統陷害掉，只是對郭子儀比較尊重，沒有傷他一根汗毛。透過這件事，我們可以看到郭子儀對待小人的辦法是既周密又老練的。

面對小人，分而制之

小人無時不在無處不在。當面正人君子，背面卑鄙小人；表面光明正大，暗地陰險狡詐，只要你稍有疏忽，就會落入小人的圈套。為自己的利益著想，最好是避開小人，能躲多遠就躲多遠。但不得不和小人打交道的時候，一定要考慮周全，謹慎應對。

司馬光認為小人「挾才以為惡」，提出「不用小人」。荀子卻主張「敬小人」。他認為「不敬小人，等於不敬虎」。這話看起來似乎有些危言聳聽。但現實生活中，小人確實是比較難纏，也難以對付。小人說話真真假假，言而無信。小人做事顛倒是非，混淆黑白。荀子用「敬小人」方式對待小人，不失為良謀妙策，比起孔子處處遭受小人暗算，常常被小人逼得離家出國、漂流四海要好得多。

以下，我們先來看一下對付小人的基本法則：

- 不要當眾和他發生衝突，這樣他會對你懷恨在心，伺機報復；

■爭取抓住他的把柄並讓他知道。這樣不管他心裡怎麼想，至少不會對你做什麼；

■製造他需要你幫助的機會，他來求你時你就可以很真誠的說你的想法，如實說你以前對他的看法，這樣他會接受的，以後就看你了；

■遇到小人一定要冷靜，否則會波及很多人。一停，二想，三觀察。不予理會，做好自己的本份工作。如果你為了這個小人浪費太多的精神那可就不值了；

■不要想著遠離小人，你想遠離的想法本身，展現了你的害怕，你不用遠離他，因為他不可怕，相反的，你要讓他感覺到你對他的信任，讓他感覺到你很喜歡和他成為朋友，他會不知所措。如果面對小人你實在笑不出來，就當他是空氣吧，你只是給空氣一個微笑而已嘛，不要吝嗇；

■喜怒不要形於色，不要讓人從你的外表看出你的真實想法和情緒變化，不要多講話，特別是不要對他講實話；

■對待小人要善用手段，手段高的，用小人以驅馳小人；能力高的，還小人以顏色；品德高的，視情況待小人以寬容但不是縱容；

■進退有度，人不犯我，我不犯人；人若犯我，我不理睬；欺人太甚，我必犯人。

看完了大致原則，以下我們來看該怎麼根據小人的類型分而治之。

【人際交往中，攻心爲上！】

逢迎拍馬，攀權附貴的小人：這樣的小人主要表現在：瞄準目標，死心踏地巴結上司，揣摩上司的心理，滿足上司的要求，見人說人話，見鬼說鬼話，總把自己的功勞歸功於上司。

對付這樣的小人，古有言：量小非君子，無毒不丈夫，與其坐以待斃不如先發制人。遇到此情況就要分辨是非，創造時機，斷然採取行動，當斷不斷，反受其亂。

打小報告，惡意中傷的小人：這樣的小人，往往會先入為主，製造小道消息，搬弄是非，含沙射影，蠱惑人心。

俗話說，明槍易躲暗箭難防。對付他們，需要深思熟慮，戳穿虛假言辭，信任別人，不為小人所迷惑。勤於溝通和善於總結，不給打小報告者製造陰謀的機會。

挑撥離間，打擊異己的小人：此類人善於製造陷阱，玩弄別人於股掌之中，坐收漁翁之利；口蜜腹劍，使你掉以輕心，疏於防範。

寬容是一種美德，也是一種力量，對付此類小人除針鋒相對外，也可以以豁達的胸懷寬容處之。因為大人大量，不會像小人一樣斤斤計較。所謂金無足赤，人無完人，寧用有瑕疵的玉，也不用無瑕的石。其實這類人也有過人之處，要學會利用他們的長處。

假話連篇，謊話如山倒的小人：此種人總是說謊臉不紅，行騙心安然，重複一萬零一遍，把方的變成圓的。他們為了達到個人目的，裝神弄鬼，害你沒商量。

對付他們，可用以其人之道還治其人之身，攻其不備，以謊試謊，揭穿他的把戲。

表面幫你，心裡坑你的小人：對付這類小人的策略是：保持安全距離。在你力所能及的範圍內善待所有人，但不跟任何人過分親昵，始終保持距離，不要輕信他人。因為最親近的人給予的傷害，才是最致命也是最難防的。

總之，對付小人，既要有一定的原則，還要有一定的策略和技巧。首先要居安思危，勤於檢點，讓小人無機可乘；其次是處變不驚，從容鎮定，能以不變應萬變；再者是胸有成竹，進退自如，進則必勝，一劍封喉，退則能忍，海闊天空。

俗話說得好，不做虧心事，不怕半夜鬼敲門。清者自清，濁者自濁。在潔身自好的同時，多想想自己有沒有犯過小人。即便沒有也要注意多防著點，謹慎處事方能無大錯。

第八章

言必有中，談話之中的博奕

懂得在關鍵時刻說適當的話，是一個人成功與否的決定性因素。公關專家往往有卓越的說話技巧，例如：討好重要人物、避免麻煩事落到自己身上、處理棘手的事務……

怎樣才能擁有行之有效的談話技巧呢？只要你能敏銳地聽出別人的弦外之音，婉轉地用別人愛聽的漂亮言辭把自己的意思表達出來，就能順利打開別人的心理防線。

聽出真意，弦外之音更真實

有一個窮人患病，病情漸漸沉重，醫生說他沒有希望了。病人禱告眾神，說如果能病好下床，一定設百牛祭，送禮還願。他妻子正站在旁邊，聽他這麼說，便問道：「你從哪兒弄這筆錢來還願呀？」他回答說：「你以為神讓我病好可以下床，是為了向我要這些東西嗎？」

這個故事是說，實際上不想做的事情，人們倒最容易答應下來，人有時候心口不一。由此看來，察言是很有學問的技巧。人內心的思想，有時會不知不覺在口頭上流露出來，因此與別人交談時，只要我們留心，就可以從談話中深知別人的內心世界。

第一次世界大戰爆發前不久，美國出生的女權主義者南茜·阿斯特到英國拜訪。邱吉爾熱情地接待了她。在交談中阿斯特大談特談婦女權力問題，並懇切希望邱吉爾能幫助她成為第一位進入眾議院的女議員。

邱吉爾嘲笑了她的這個念頭，也不同意她的一些觀點，這使這位夫人大為憤怒。她對他說：「如果我是你的妻子，我會在你的咖啡裡下毒藥的。」

邱吉爾溫柔地接著說：「如果我是你的丈夫，我就會毫不猶豫地把它喝下去！」

邱吉爾巧借弦外之音，既針鋒相對，反駁了對方，又不會讓場面太尷尬。可以說，不失尊嚴，又考慮到了對方的感受。

在某些場合，懂得變通，巧用話外之音能化腐為奇，博得喝采。

東方人的普遍特點是含蓄，特別是在講話的時候，要表達什麼意圖不會直接說出，會迂迴委婉地講出。聽話人需要細心領悟與揣摩，聽不出「弦外之音」的人會被視為智力低下的愚蠢之人。中國人語言的精深，全在「弦外之音」上。生活中這樣的例子很常見：

如夫妻之間，妻子禮拜天要去逛賣場買東西，她會這樣跟你說：「你禮拜天有事嗎？我想去賣場買些東西。」這時你要理解妻子的用意，她想讓你陪她一起去。你若把她的話扔在一邊，說你自己的事情，她會很失望。你要認真聽好伴侶的話，在生活中多一份體貼，家庭會多一份溫馨。

有些弦外之音我們大家都心照不宣，但另外一些可能你不會太留心。正因為這些疏忽，影響了你的交際能力。所以，在與人交往中，要時時注意留心對方的言外之意。

如果對方是在炫耀他光榮的過去，這個時候你就要留心了，因為此時他心裡正在期待著你的誇獎，所以，只要是認為值得或應該誇獎的，你不妨就誇獎他一下。當對方在顯示他的博學或機智的時候也是一樣，你也應該誇獎他，這樣你一定能獲得他的好感。

如果對方向你講述著另外一個人的是非，你千萬不可隨聲附和，也不要直接打斷對方的話，你可以間接的將話題引開。要懂得閒談少論他人是非，更要聽出他言語的暗含之意。他向你說一個人的過錯，如不是攻擊他，就是挑撥你與那人的關係，你要靈敏一些，不要被對方的言語蒙蔽。須知，來說是非者，便是是非人。

談話當中，你要學會聽出譏諷、嘲笑、挖苦之類的特殊語。對方之所以會向你說這種話，一定是因為對你感到不滿才會這樣的。遇到這種情況，你不要立刻反駁或一味生氣，最好拿出自己的宰相度量，就當沒聽見，免得和對方發生不必要的衝突。

不過，事後最好能自己檢討一下，為什麼他會譏諷你、嘲弄你？是你自己做錯了事情，還是無意中得罪了他，引起他對你的不滿，抑或是對方無中生有來打擊你呢？考慮過各種情況，明白原因之後再做出恰當的回覆。如果真的是自己做錯了事，對方已為你指出，你該及時糾正自己的行為，慶慶幸自己「因禍得福」了。

以下又為你提供一孔之見，希望以後你能準確聽出別人的話外音：

■ 對方談話的語氣突然改變時，你要留意是否有話外之意；

■ 對方的個別音調加重時，要仔細揣摩是否有什麼意圖；

■ 對方故意做出暗示的肢體動作或特殊表情時，你要明白他的意思；

■ 對方突然停止談話，你要領會對方的用意；

■ 對方認真地看著你並將一句話重複著說時，一定含有弦外之音；

■ 談話結束時，仔細觀察對方有無特殊的舉止；

■ 散席前，對對方最後的幾句話要特別留心；

■ 對方想插話，欲言又止，你結合自己剛才的言語要推斷出他想說什麼；

■ 你不經意的言語引起對方的注意時，你要做事後猜測；

■ 對方欲言又止，必要時你可以追問下面的話。

如果你能夠做到以上所說的那些，你會愈來愈覺得能找到口才藝術的奇妙性。研究交際中的對話是一種很有趣的享受。聽出弦外之音，並能巧妙地回應，你就是口才高手。

以退為進，不作辯解

一位客人從商店買了一套衣服，很快他就失望了：衣服會掉色，把他的襯衫的領子染上了色。他拿著這件衣服來到商店，找到賣這件衣服的售貨員，想說說事情的經過，但一直沒機會，因為售貨員總是打斷他的話。

「我們賣了幾千套這樣的衣服，」售貨員聲明說，「你是第一個找上門來抱怨衣服品質不好的人。」他的語氣似乎在說：「你在說謊，你想誣賴我們。」

吵得正兇的時候，第二個售貨員走了過來，說：「所有禮服開始穿時都會褪色，一點辦法都沒有。特別是這種價錢的衣服，這種衣服是染過的。」聽了這番話，這位顧客差點氣得跳起來，他說：「第一個售貨員懷疑我是否誠實，第二個售貨員說我買的是便宜貨。我快被氣死了。我準備對他們說，你們把這件衣服收下，隨便扔到什麼地方吧！」

正在這時，這個部門的負責人出來了。他很內行，他的做法改變了這位顧客的情緒，使一個被激怒的顧客變成了滿意的顧客。首先，這位負責人一句話沒講，聽顧客把話講完。其次，當顧客講完後，那兩個售貨員又開始陳述他們的觀點，負責人開始反駁他們，幫顧客說話。負責人不僅指出了顧客的領子確實是因衣服褪色而弄髒的，而且還強調說商店不應當出售使顧客不滿意的商品。後來，負責人承認他不知道這套衣服為什麼出毛病，並且直接對顧客說：「你想怎麼處理？我一定遵照你說的辦。」

出乎意料，顧客說：「我想聽聽你的意見。我想知道，這套衣服以後還會不會再染髒領子，能否再想點其他辦法。」負責人於是建議顧客再穿一星期，「如果還不能使你滿意，你把它拿來，我們想辦法解決。請原諒，給你添了這些麻煩！」顧客滿意地離開了商店，七天後，衣服不再掉色了，他也完全相信這家商店了。

以退為進的說服方式，是一種有效的說服策略。表面為退，實則以退待進，透過退可以積蓄更大的進的力量，就像拉弓射箭，先把弓弦向後拉，目的是為了把箭射得更遠。

不管事情有沒有錯，有時候認錯是以退為進的高招。不敢自己出面處理問題的人性弱點，通常是一般人潰敗的主要原因。如果你認為自己沒有錯，也可以心平氣和地出面澄清，堅持自己的立場。最容易把自己推入困境的方法之一，就是沒有使用一致的態度與口徑來面對風暴的各個部分。因為沒有誠懇的態度與堅定的立場，絕對無法真正說服別人。

漢代的公孫弘，年輕的時候家裡很貧窮，後來貴為丞相，他的生活依然十分儉樸，吃飯只有一個葷菜，睡覺只蓋普通棉被。就因為這樣，大臣汲黯向漢武帝參了他一本，批評公孫弘位列三公，有相當可觀的俸祿，卻只蓋普通棉被，實質上是使詐以沽名釣譽，目的是為了騙取儉樸清廉的美名。

漢武帝便問公孫弘：「汲黯所說的都是事實嗎？」公孫弘回答道：「汲黯說得一點沒錯。滿朝大臣中，他與我交情最好，也最瞭解我。今天他當著眾人的面指責我，正是切中了我的要害。我位列三公而只蓋棉被，生活水準和普通百姓一樣，確實是故意裝得清廉以沽名釣譽。如果不是汲黯忠心耿耿，陛下怎麼會聽到對我的這種批評呢？」漢武帝聽了公孫弘的這番話，反而覺得他為人謙讓，就更加尊重他了。

公孫弘面對汲黯的指責和漢武帝的詢問，一句也不辯解，並全都承認，這是何等的一種智慧呀！汲黯指責他「使詐以沽名釣譽」，無論他如何辯解，旁觀者都已先入為主地認為他也許在繼續「使詐」。公孫弘深知這個指責的份量，採取了十分高明的一招——不作任何辯解，承認自己沽名釣譽。這其實表明自己至少「現在沒有使詐」。由於「現在沒有使詐」被指責者及旁觀者都認可了，也就減輕了罪名的份量。

公孫弘的高明之處，還在於對指責自己的人大加讚揚，認為他是「忠心耿耿」。這樣一來，便給皇帝及同僚們這樣的印象：公孫弘確實是「宰相肚裡能撐船」。既然眾人有了這樣的心態，公孫弘就用不著去辯解沽名釣譽了，因為這不是什麼政治野心，對皇帝構不成威脅，對同僚構不成傷害，只是個人對清名的一種癖好，無傷大雅。他以退為進的回答，說服了皇帝，說服了大家，沒有傷和氣便把事情給解決了，我們不得不說他是一個聰明的人，也是一個有「口才」之人，更是一個懂得以退為進、懂謀略的人。

彼得是礦冶專業的高材生，他在美國耶魯大學畢業之後，又進德國的佛萊堡大學深造，並且拿到了碩士學位。雖然他有這樣的文憑，當他來到美國西部的一個礦場找工作時，卻發現並不像他想像中的那麼順利。

按照預約的時間，彼得走進礦場主人的辦公室，準備面試。他先把自己的文憑遞上，心想對方看了之後一定會感到滿意。可礦場主人對此一點也沒有興趣，斷然拒絕了他的求職要求。「先生，正因為你有碩士學位，所以我就不能聘用你。」礦場主人毫不客氣地說，「我知道，你們學了系統的理論，可是那些東西沒有什麼實用價值，我可用不著這種溫文爾雅的工程師。」

原來，這位礦主不是什麼有學歷的人，他是工人出身，一步一步地從基層提拔上來的，後來更白手起家買下礦場。此人生性耿直，脾氣還很倔強。由於他自己沒有上過大學，所以他不喜歡有學歷的人。尤其對那些張口能講出一大套理論的工程師，更是沒有一點的好感。面對應徵時出現的這種尷尬和無奈，聰明的彼得腦子一轉，很快想出了對策。

他微笑著說：「礦主先生，我想向你透露一個秘密，可你得事先答應我的一個條件——不告訴我父親。」礦主對此頗感興趣，表示絕不洩密。

「說真的，我在德國佛萊堡大學的三年時間一直是在混日子，什麼東西也沒有學到。」他小聲地告訴對方。一聽完這話，礦主的臉馬上由「陰」轉「晴」，哈哈大笑起來，然後當場拍板：「很好，你被錄用了，明天就可以來上班。」

我們可以從這個故事中，看到彼得審時度勢，靈活多變，他採用了以「退」為「進」的策略。說服別人時，讓步是一種暫時的虛擬的後退，是為了進一尺所做出的退一步。所以，要說服別人，學會以退為進是非常重要的。

摸清底牌，再對之發力

想要在談判中佔得主動，一方面，要防止對手翻看自己的底牌；另一方面，自己也要想辦法摸清對手的底牌。摸清對方的底牌，才能做到充分的「知彼」。在這裡，我們介紹一種透視法，注意，這裡所說的透視並非用眼睛去看，而是用幾種類似於透視的辦法，來達到洞察對手底牌的最後目的。那麼，如何才能「透視」對手的底牌呢？以下有十個策略：

「錯誤」策略：賣主以很低的價錢吸引顧客前來購買，等到顧客真有興趣要買的時候，賣主又說，由於先前估價過程有錯誤，所以價格必須重新審定。

「提高品級」策略：賣方要知道買主到底有多少預算，於是便在擺放「一般」產品的場地，詢問買主對「高級」的商品有沒有興趣。

「降低品級」策略：買主不知道出多少價錢賣方能接受，於是就先告訴賣方，他在考慮買一種品級較低的產品，然後再用這種較低的價位去試探賣主，看賣方能不能以這個價格賣給他品級較高的產品。

「步步高升」策略：買賣兩方談好價之後，賣主反悔，這時他說經過一番「思考」，認定應該提高售價。

「心有餘錢不足」策略：買主表示，他確實很有誠意想買下賣方的產品，可是因為預算有限，無能為力，所以，他們開始商量是否有其他辦法，可以做成這筆生意。

「調解」策略：因為談生意進行速度過快，買賣雙方已竭盡其能，做出最後的讓步，但還是沒有達成協定，甚至使談生意陷入僵局。這個時候，運用仲裁從中調解，或許能使生意重現生機。

「一拍兩散」策略：賣主提出這種條件，目的是要試探買方的反應。

「禮尚往來」策略：買方提出一個可能的讓步方案，並希望賣方「禮尚往來」。如果賣方果真依計讓步，買主就會從較低的價位開始和賣方談生意。

「二選一」策略：買方得知兩幅畫的價格是八百元，如果你僅買一幅，單價就提高到五百元，於是，買主詢問對方，兩幅才八百元，這幅是五百元，那另一幅三百元，你賣不賣？

「單刀直入」策略：假如以上策略全行不通，那建議你不妨採用「單刀直入」法，事實上，許多人對「你來我往」、「討價還價」缺乏耐心，所以他寧願直截了當告訴你底價，至於你接不接受，那是另外一回事。

掌握透視對方底牌的訣竅，你才能操控談判的全局。

但是，由於慣性使然，人們在反覆做某項工作時，往往會產生一種慣性，形成一定的心智模式。所以，某些談判老手往往可以據此猜到對方可能提出的要求，以及對方對其提議所持的態度。如此，談判的主動權就會落在他的手中。

如果你在談判博奕時發現對方對你的思路比較熟悉，你最好是動動腦筋，採取一定的策略來設法彌補這個劣勢。比如，你可以趁休會之機，找一個可以替代你的談判者登場，這很可能會使對方大吃一驚。因為對方不知道新的談判者與前一個談判者相比，是不是很難對付？新的談判者其談判手法如何？這樣，對方的心中就會因此而產生很大的壓力，甚至會自動瓦解。

其實，更換談判者是一種談判藝術，它最大的好處在於，可以藉此摸透對方的意圖，摸清對方的底牌。就以美國史考樂斯三兄弟為例吧，他們善於運用談判中途更換談判者的談判藝術，而且效果頗佳。

史考樂斯三兄弟共同經營一家公司，他們在與對手談判時，在不同的階段分別登場。通常都是老三第一個上場，提出非常強硬的條件，待雙方爭執不下，談不下去的時候，史考樂斯一方便提出暫停會議。當談判再次開始時，一旁觀陣的老二便出場。這時，老二會針對對方的目標和態度，與對方認真較量，直到對方幾乎無力應戰之際，老二又退出，老大登場。

由於老大一直在旁邊不動聲色地靜觀其變，透過前兩個回合的較量，他基本上已摸清了對方的底牌，因而要不了幾個回合，對方往往會迫於心理上的巨大壓力而做出讓步，並在合約上簽字。

相反的，如果你的對手在談判時臨時更換談判者，變化談判陣容，你該怎樣應對呢？面對新的談判者，你要保持冷靜的頭腦。不妨把優先發言權讓給對方，讓他先發表意見，你可藉此來摸清新談判者所持的態度，然後你再在此基礎上提出自己的要求；如果新登場的談判者不再理會剛才談的議題，剛才所談的議題對你來說又非常重要時，你一定要堅持討論舊的議題，對方很可能會回過頭來再議原話題；不要將精力投放於舊的爭執點上，否則只會把事情弄僵，也許換個角度來討論會收到較好的效果；事實上，對方換人這個做法，無疑是在向你傳達這樣一個資訊：他要改變目前的談判狀況。你也可以試著提出一項新的方案，以試探對方的真實意圖，進而摸清對方的底牌。

含沙射影不直說

一九五二年，正在蘇聯訪問的美國總統尼克森將去蘇聯其他城市訪問。蘇聯總書記布里茲涅夫到莫斯科機場送行。正在這時，飛機出現故障，一個引擎怎麼也發動不起來。機場地勤人員馬上進行緊急檢修，尼克森一行只得推遲登機。

布里茲涅夫遠遠看著，眉頭越皺越緊。為了掩飾自己的窘境，他故作輕鬆地說：「總統先生，真對不起，耽誤了你的時間！」一面說著，一面指著飛機場上忙碌的人群問：「你看，我應該怎樣處分他們？」

「不，」尼克森說，「應該升職！要不是他們在起飛前發現故障，飛機一旦升空，那該多麼可怕啊！」

尼克森的話裡有辛辣的諷刺、澀澀的挖苦、無聲的指責，這些卻是以貌似誇獎的話傳達出來，聽了這句話，除了苦笑，還真是什麼也說不出來。

其實，古人就深諳含沙射影、指桑罵槐之術。他們在向君王進諫之時，直抒胸臆往往會帶來殺身之禍。於是，他們總是採取「曲諫」法，雖是旁敲側擊，卻有「綿裡藏針」之妙：

楚莊王十分鍾愛一匹馬，但這匹馬因過於養尊處優，太肥胖而死了。莊王命令全體大臣為死馬致哀，並要用一棺一槨裝殮，按大夫的禮節舉行葬禮。百官紛紛勸阻，莊王大動肝火，下令誰再勸阻，定判死罪。

宮中有一個叫優孟的人，進宮嚎啕大哭。莊王問為什麼，優孟說：「這匹馬是大王最心愛的馬，以楚國之大，什麼東西弄不到！現在卻只以大夫的葬禮來辦喪事，實在太輕慢了！我請求用君王的禮儀來埋葬。」

楚莊王一聽甚為高興，便問：「依你之見，要怎麼埋葬它呢？」

優孟說：「最好以雕琢的白玉做棺材，以精美的梓木做外槨。還要建造一座祠廟，放上牌位，追封它為萬戶侯。這樣天下的人就知道，大王是輕賤人而重馬了。」

楚莊王一聽，如夢初醒，說：「我的錯竟到了這種地步！」

張俊是南宋時的權臣。他貪財好色，卻在皇上那裡得寵，氣焰囂張，誰也不敢得罪他。一次，宋高宗邀請大臣們喝酒，叫一班優人前來說笑取樂。其中一個優人稱自己能透過銅錢方孔，看出每個人是天上哪顆星宿化身。於是大臣們爭相讓他看。輪到張俊了。優人裝出很認真的樣子，對著他再三端詳，最後搖搖頭，說：「真看不出什麼星宿，只見張老爺坐在錢眼裡，不信，諸位來瞧瞧！」眾臣哄堂大笑，宋高宗聽出了弦外之音，後來對這個貪贓枉法的傢伙進行了嚴懲。

今天的我們，固然沒有性命之憂，可以一吐為快，但是效果未必有「曲諫」法好，因為沒有人願意聽到別人的指責。同樣的意思，用不同的方式表達出來，效果迥異。何不聰明一些，花些心思，用些技巧，皆大歡喜呢？

據理力爭，讓對方妥協

很多人，你越是敬他，他越會得寸進尺，以為你怕他，如果你真的與他計較，他就會妥協接受你的要求。當然，與人爭論也要講究一定尺度，你必須得有「理」，才好威脅對方，但千萬不要過度。

日本明治保險公司有一個業務員，名叫原一平。他身材短小，其貌不揚，二十五歲報考明治公司時，雖被錄用，但主考官劈頭丟下一句：「原一平，你不是做得了這種困難工作的人。」當時的原一平，屏住呼吸，目光注視著主考官，心頭卻在喊：「我偏要做給你看看。」他決計要報這一箭之仇，懷著有朝一日出人頭地的信念，猛衝猛打地做了三年，創下了些業績，總算在公司裡站住了腳。

然而，原一平並不因此滿足，他構想了一個大膽而又破壞規定的推銷計畫，找保險公司的董事長串田萬藏，要一份介紹日本大企業高層人員的「推薦函」，大幅度、高層次地推銷保險業務。因為串田先生不僅是明治保險公司的董事長，還是三菱銀行的總裁、三菱總公司的理事長，是整個三菱財團名副其實的最高首腦。透過他，原一平經手的保險業務不僅可以打入三菱的所有組織，而且還能打入與三菱相關的最具代表性的所有大企業。但原一平不知道保險公司早有被嚴格遵守的約定：凡從三菱來明治工作的高級人員，絕對不介紹保險客戶，這理所當然地包括董事長串田。

原一平為突破性的構想而坐立不安，他咬緊牙關，發誓要實現自己的推銷計畫。他信心十足地推開了公司主管推銷業務的常務董事阿部先生的門，請求他代向串田董事長要一份「推薦函」。阿部聽完了原一平的計畫，默默地瞪著原一平不說話。原一平雖在公司工作了三年，但只是在照片上看見過阿部，頭一次面對阿部那種逼人的目光，心裡開始發毛，漸漸有些招架不住了。這時，阿部才緩緩地說出了公司的約定，回絕了原一平的請求。原一平卻不肯打退堂鼓，問道：「常務董事，我能不能自己去找董事長，當面提出請求？」阿部的眼睛瞪得更大了，更長時間的沉默之後，只說了五個字：「姑且一試吧！」說罷，用擠出的難以言狀的笑容，打發了原一平出門。

等了幾天，在接到約見通知後，原一平興奮不已地來到三菱財團總部，抬頭看見威嚴的三菱大廈，心頭不由緊張了。他好不容易通過傳達室被帶到會客廳，卻被冷冷地丟在一旁。華貴的擺設，其厚無比的地毯，一坐下就像浮在半空的沙發，難熬的長時間等待，把原一平的興奮勁耗去大半。他疲乏地倒在沙發裡，迷迷糊糊地睡著了。不知過了多長時間，原一平的肩頭被戳了幾下，他愕然醒來，狼狽不堪地面對著董事長。串田大喝一聲：「找我什麼事？」還未清醒過來的原一平當即被嚇得差點說不出話來，想了一會兒才支支吾吾地講了自己的推銷計畫，剛說：「我想請你介紹……」就被串田截斷：「什麼？你以為我會介紹保險這玩意？」

原一平來前曾想到過請求被拒絕，還準備了一套辯駁的話，但萬萬沒有料到串田會輕蔑地把保險業務說成「這玩意」。他被激怒了，大聲吼道：「你這混賬的傢伙。」接著又向前跨了一步，串田連忙後退一步。「你剛才說保險這玩意，對不對？公司不是一向教育我們說：『保險是正當事』嗎？你還是公司的董事長嗎？我這就回公司去，向全體同事傳播你說的話。」原一平說完轉身就走。

一個無名的小職員競敢頂撞、痛斥高高在上的董事長，使串田非常氣憤，但對小職員話中「等著瞧」的這句話又不能不認真思索。

原一平走出三菱大廈，心裡很不平靜，他為自己的計畫被拒絕又是氣惱又是失望，坐在路邊胡思亂想了好長時間，他無可奈何地回到保險公司，向阿部說了事情的經過，剛要提出辭職，電話鈴響了，是串田打來的，他告訴阿部剛才原一平對自己惡語相加，他非常生氣，但原一平走後他再三深思。串田接著說：「保險公司以前的約定確實有偏差，原一平的計畫是對的，我們也是保險公司的高級職員，理應為公司貢獻一份力量，幫助擴展業務。我們還是參加保險吧！」

放下電話，串田立即召開臨時董事會。會上決定，凡三菱的有關企業必須把全部退休金投入明治公司，作為保險金。當晚原一平回到家就收到串田的約見信：「今天，你特地來找我，我卻白活了那麼大歲數，居然沒有善待你，實在失禮之至。明天是假日，若不嫌麻煩，願你能撥冗到舍下一趟。」

第二天，串田不僅親切會見，還為原一平特意定做好西裝、襯衫、皮鞋。他說：「一個像樣的業務員必須有像樣的外表。」原一平的頂撞痛斥，不僅贏得了董事長的敬服，還獲得了董事長日後充滿善意的全面支援，他逐步實現了自己的宏偉計畫：三年內創下了全日本第一的業務記錄，到四十三歲後連續保持十五年全國業務冠軍，連續十七年業務額達百萬美元。一九六二年，他被日本政府特別授予「四等旭日小緩動章」。獲得這種榮譽在日本是少有的，連當時的日本總理大臣福田赳夫也羨慕不止，當眾慨歎道：「身為總理大臣的我，只得過五等旭日小緩動章。」

其貌不揚的小職員原一平被激怒，痛斥公司董事長，使他再三深思改變約定，衝破禁區，由此，原一平實現了自己的宏大計畫。

一般來說，我們不主張你與別人發生衝突。在原一平這個故事中，成功的另一個關鍵在於這位董事長是一個明理之人，否則後果恐怕不容樂觀。如果所有的策略都沒有用了，你也可以嘗試據理力爭，只是在此之前最好確定你面前這個人值得你花費時間。

—第九章—

順水推舟，摸清說話者脾氣

在你和別人交談的過程中，肯定會遇到不同看法，甚至會有人毫不客氣地提出反對意見。這個時候，你該怎麼辦呢？千萬不要不假思索地反擊，更不能反唇相譏。

這個時候，以正面交戰的策略來解絕不會有很好的結果，只會讓場面陷入僵局，有失風度。出色的公關專家會順水推舟，減少阻力。他們會重視對方的問題和意見，讓對方有受寵若驚之感，反而不好意思堅持下去，這才是最具殺傷力的完美策略。即便沒有遇到異議，你同樣可以知己知彼因勢利導，花最小的力氣達到最好的效果。

到什麼山，唱什麼歌

孔子到呂梁觀看瀑布，看見一位老人走進濤濤的水流。孔子以為他一定是遭遇了沒頂的苦難，準備輕生，就急忙派學生過去救他。誰知，不一會兒，那位老人自己從對面的水流中走了出來，還邊走邊大聲唱著歌。

孔子很奇怪，就上前討教，老人說：「我只是順著漩渦進去，又順著漩渦出來。讓自己順應水流，而不是讓水流順應我，這就是我對付它的辦法。」

所謂的「到什麼山，唱什麼歌」，說的就是這個道理。在與人交往的過程中，你必須及時改變自己，適應不同的對象。在不同的對象面前表現出不同的風格，甚至要在對方的風格發生變化後也發生相應的變化。如果你不想遭遇失敗，就必須學會根據瞬息萬變的狀況做出相應的反應。

有一位業務員，連續拜訪了三次，客戶始終不冷不熱。他不清楚自己失敗的原因，於是很誠懇地向客戶的女兒請教，希望知道一些關於她母親的消息。

「我母親對你很有意見。」客戶的女兒實話實說：「幾天前我回家，母親就向我抱怨，你一點也不尊重她。」這令那位業務員大吃一驚。

客戶的女兒接著說：「她說你總是說話太快，一點也不照顧她。」隨後她說自己母親耳背得很厲害。

這讓他恍然大悟，怪不得在自己說話時，老太太的反應總是較為遲緩，而她的自尊心又使她不願意把這個事實告訴別人。

於是，他再次登門，訪問了這位客戶。這次他放慢了語速，提高了聲調。這種情況在其他顧客看來很難接受，但對這位年邁的老太太卻正合適。

另一位業務員庫爾曼剛開始推銷時，遇見了一家工廠的老闆，名叫羅斯。這個羅斯工作繁忙，很多業務員在他面前都無功而返，而庫爾曼卻成功地讓這個大忙人接受了自己的保險。他是這樣推銷的。「你好，我叫庫爾曼，是保險公司的業務員。」「又是一個業務員，你是今天第十個業務員，我有很多事要做，沒時間聽你說，別煩我了，我沒時間。」「請允許我做一個自我介紹，十分鐘就夠了。」「我根本沒有時間。」

這時，庫爾曼低下頭用了整整一分鐘的時間去看放在地板上的產品，然後，他問羅斯：「你做這一行多長時間了？」「哦，二十二年了。」庫爾曼問：「你是怎麼開始這一行的？」這句話立刻在羅斯身上發揮了效用，他開始滔滔不絕地談起來，從自己的早年不幸談到自己的創業經歷，一口氣談了一個多小時。最後，羅斯熱情邀請庫爾曼參觀自己的工廠，那一次見面，庫爾曼沒有賣出保險，但卻和羅斯成了朋友，接下來的三年裡，羅斯從庫爾曼那裡買走了四份保險。

但接下來這名業務人員就沒有那麼幸運了：

一踏進客戶的辦公室，他就為自己的正確來訪感到高興。他發現客戶使用的電話系統已經很多年，而自己推銷的新型電話系統正好可以滿足他的需要。

可是初步接觸之後，他馬上感到問題有些困難。客戶對舊的電話系統相當滿意，沒有更換的打算。但是他沒有灰心，因為自己的很多顧客在看過他做的演示後，都改變原來的想法。

「先生，我想我可以為你做一下演示。」說著，他很自然地拿出自己的產品，走到電源旁邊。就在要接通電源時，他聽到了客戶的強烈反對：「馬上停止演示！」

接著，客戶說出了他反對的原因：他擔心這樣做可能造成短路，甚至引起火災！雖然這名業務人員極力辯解，表明自己有這方面的專業知識，但是最終還是被請出了客戶辦公室。

【人際交往中，攻心爲上！】

有一則寓言：蠍子向變色龍討教，怎樣才能不斷變色？變色龍驕傲地說：「我的眼珠可轉動三百六十度，上下左右，東西南北，眼觀八方，變色易如反掌！」

優秀的公關專家具有與變色龍一樣的能力，他們能夠跟上對方的談吐和思維，與對方的聲調、節奏、音量和語速合上拍。如果對方有點沮喪，他也會分擔這種感情。想想看，這樣的做法一點都不過分。如果你對面坐著的人面露悲傷，你沒有安慰一下，反而興致勃勃地試圖跟他談論其他事情。這樣不懂得察言觀色，豈不是自討沒趣？

察言觀色，善解人意

慈禧愛看京戲，常以小恩小惠賞賜藝人一點東西。一次，她看完著名演員楊小樓的戲後，把他召到眼前，指著滿桌子的糕點說：「這些賜給你，帶回去吧！」

楊小樓叩頭謝恩，他不想要糕點，便壯著膽子說：「叩謝老佛爺，這些尊貴之物，奴才不敢領，請……另外恩賜點……」

「要什麼？」慈禧心情高興，並未發怒。

楊小樓又叩頭說：「老佛爺洪福齊天，不知可否賜個『福』字給奴才。」

慈禧聽了，一時高興，便讓太監捧來筆墨紙硯。慈禧舉筆一揮，就寫了一個『福』字不過卻多點了一畫。

站在一旁的小王爺，看了慈禧寫的字，悄悄地說：「福字是『示』字旁，不是『衣』字旁！」楊小樓一看，這個字寫錯了，若拿回去必遭人議論，豈非有欺君之罪，不拿回去也不好，慈禧一怒就要自己的命。要也不是，不要也不是，他一時急得直冒冷汗。

氣氛一下子緊張起來，慈禧太后也覺得挺不好意思，既不想讓楊小樓拿去錯字，又不好意思再要過來。

旁邊的李蓮英腦子一動，笑呵呵地說：「老佛爺之福，比世上任何人都要多出一『點』呀！」

楊小樓一聽，腦筋轉過彎來，連忙叩首道：「老佛爺福多，這萬人之上之福，奴才怎麼敢領？」慈禧正為下不了台而煩惱，聽他們這麼一說，急忙順水推舟，笑著說：「好吧，改天再賜你吧！」就這樣，李蓮英為二人解脫了窘境。

姑且不論其人品，像李蓮英這樣善解人意、機智靈敏的下屬怎能不得到賞識呢？

在古代，無論是明君還是昏君，其周圍都會有一般精明能幹而且善於察言觀色的臣子。他們深知主上的喜厭好惡，因此不論政治風暴如何強勁，他們總會化險為夷，跨越兩個朝代的封倫便是這樣的「英雄」人物。

封倫本來是隋朝的大臣，隋朝開國不久，隋文帝命令宰相楊素負責修建宮殿，楊素任命封倫為土木監，將整個工程全交給他主持，他不惜民力，窮奢極侈，將一所宮殿修得豪華無比。

那個一向以節儉自我標榜的隋文帝一見不由得大怒，罵道：「楊素這老東西存心不良，耗費了大量人力物力，將宮殿修得這麼華麗，這不是讓老百姓罵我嗎？」

楊素害怕因這件事而丟了烏紗帽，忙向封倫商量對策，封倫卻胸有成竹地安慰楊素道：「宰相別著急，等皇后一來，必定會對你大加褒獎。」

第二大，楊素被召入新宮殿，皇后獨孤氏果然誇讚他道：「宰相知道我們夫妻年紀大了，也沒什麼開心的事了，所以下功夫將這所宮殿裝飾了一番，這種孝心真令我感動！」

封倫的話果然應驗了。楊素對他料事如神很覺驚異，從宮裡回來後便問他：「你怎麼會估計到這一點？」

封倫不慌不忙地說：「皇上自然是天性節儉，所以一見這宮殿便會發脾氣，可他事事處處總聽皇后的，皇后是一個婦道人家，什麼事都貪圖個華貴漂亮，只要皇后歡喜，皇帝的意見也必然會改變，所以我估計不會出問題。」

楊素也算得上是一個老謀深算的人物了，對此也不能不嘆服道：「封倫揣摩之才，非我所能及也！」從此對封倫另眼看待，並且多次指著宰相的交椅說：「封郎必定會佔據我這個位置！」

可是還沒等封倫爬上宰相的位置，隋朝便滅亡了，他歸順了唐朝，又要揣摩新的主子了。

有一次，他隨唐高祖李淵出遊，途經秦始皇的墓地，這座連綿數十里、地上地下建築都極為宏偉，墓中隨葬珍寶極為豐富的著名陵園，經過楚漢戰爭之後，破壞殆盡，只剩下了殘磚碎瓦。李淵不禁十分感慨，對封倫說：「古代帝王，耗盡百姓國家的人力財力，大肆營建陵園，有什麼益處！」

封倫一聽這話，明白了李淵是不贊同厚葬的了，這個曾以建築窮奢極侈而自鳴得意的傢伙立刻便換了一副面孔，迎合他說：「上行下效，影響了一代又一代的風氣。自秦漢兩朝帝王實行厚葬，朝中百官、黎民百姓競相仿效，古代墳墓，凡是裡面埋藏有眾多珍寶的，都很快被人盜掘。若是人死而無知，厚葬全都是白白地浪費；倘若人死而有知，被人挖掘，難道不痛心嗎？」

李淵稱讚他說得太好了，對他說：「從今以後，自上至下，全都實行薄葬！」

所以，一個真正稱得上大師級的「揣摩高手」，不但要瞭解所要揣摩的對象的心理、稟性、好惡，還要瞭解他所處的環境及人事關係。這樣，不只能做到先行一步，還能做到棋高一著。封倫的修宮殿，表面上看是沒有揣摩準隋文帝，其實他知道，真正當家作主的是皇后，他從皇后那裡入手，連皇帝都得被他牽著鼻子走，因此這才是真正的揣摩高手呀！

公關專家告訴你：人們意見、觀點一致時，彼此就會相互肯定，反之，就會相互否定。想要贏得別人的賞識，總要先細細揣摩他的喜好、然後儘量迎合他，滿足他的欲望。有些人，不只特別注意研究別人的喜好，凡事還能夠搶先一步，將別人想說而未說的話先說了，想辦的而未辦的事先辦了，表現出極大的主動性，他們往往是人際交往中的高手。

巧對上司，方能晉升

上司，不管是職權還是地位都高高在上。現代人在社交生活中，如果能與自己的上司好好相處，做事總能對上上司的心思，必將成為自己發展的堅實基礎，有助於事業的成功。

要處理好與上司的關係，首先要把握以下幾條原則：

自己努力工作，還要上司賞識：公司裡的生存法則：只有功勞，沒有苦勞。應該把上司看作是與你的前途密切相關的人，你應該尊重他，使他對你產生好感。不論是上司的公事還是私事，你都應該積極關注，努力做好，才能與上司處好關係，實現自己的願望。

與上司相處，最重要的是尊重主管人員的職權：在他沒做主張之前，有什麼意見和建議儘管提出；一旦他已經拿定主意，你就不要再爭議。記住，你看見的只是其一，他定的卻是全盤大計。他做的事，他必須負責到底。不要以為自己的想法比上司的高明，作為下屬，服從是一種美德。

不卑不亢是起碼的態度：不要千方百計地討好上司，更不要犧牲同事來博取上司的歡心。但是適當地讚揚未嘗不可，當上司有好方法、妙主意時，可以向他表露你的讚美之意。其實有主見的上司最見不得的是拍馬屁的人，所以，過分的吹捧，就會適得其反。

最得上司歡心的還是工作的表現：你工作有成績，他也有一份功勞，你與上司處得越好，做得就越起勁；你幫他把事情辦好，自己的前途也越光明。

對上司應該以誠相待：如果在業務上有兩位以上的上司，你必須認清誰是你的主管，應將有關業務問題向他請示，獲得他的信任與支持。另一上司交給的事情，在不相互衝突的情形下，也應該盡力去辦理；如果與直接上司的指示相衝突，你應委婉陳述困難，求得諒解，不可在兩位上司之間投機取巧，否則你會左右不討好。

在上司面前，要常常稱道他人的才幹，以促進上下級關係：一個精明的領導者，不樂意見別人在他面前搬弄是非，他會認為「來說是非者，便是是非人」。這對一個清醒的領導者來說是重要的，你必須學會常說人的好話，而不說人的壞話，因為一旦說人的壞話，你就會使自己面臨很多對立面，若上司不喜歡你，將壞話傳了出去，被說的人就變成你的「死敵」，一有機會他就會使你吃不了兜著走。

不要經常打擾上司：小事不必件件請示，有些事情等到有圓滿的結果時再向上司報告。這樣可以加深上司對你的良好印象。

要使上司瞭解情況：這一點最重要。上司要定計畫，做主張，不可對上級隱瞞情況，無論好的或壞的消息，都要及時報告。

即使上司十分信任你，也應該遵紀守法：不能擅自專行，否則就會侵犯上司的職責或佔奪同事的功勞。

做好以上幾點，上司就一定會發現你，會把你當作一個人才來重視，就會主動與你結交，你會成為上司最信賴的人，最後你將受到重用。

但僅僅做到這些還不夠。工作中，作為下屬的你，要清楚你的老闆是哪類人，方能因地制宜。怎樣才能與各種上司打好交道呢？其實，與他們打好關係不難，關鍵是要留點「心眼」，想一想他們各自的特點，對症下藥就可以了。

以下，我們簡單地介紹應對各種上司的方法：

遇到冷靜的上司，不要自作主張：如果遇到冷靜的上司，對於一切工作計畫，你只需要提供意見，不要自作主張，等到決定計畫後，你只要負責執行便行。

至於執行的經過，必須有詳細記載，即使是極細微的地方，也不能稍有疏忽，這種一絲不苟的精神、詳細記載的報告，正是他所喜歡的。但執行中所遇到的困難，你最好能自行解決，不必請求。

隨機應變原非他所長，多去請求反易貽誤，做好事後用口頭報告當時是如何應付的，他就會很高興，但要注意的是，即使事後報告，也要力求避免誇張的口氣。雖然當時的確十分難辦，也要以平靜的口氣，輕描淡寫為好，如此反而更可表現你的應變本領。

與熱忱的上司打交道，採取不即不離的方式：你如果遇到熱情的上司，他對你表示特別好感時，不要完全相信而認為相見恨晚，必須明白他的熱情並不會持久，要保持受寵不驚的常態，採取不即不離的方式。「不即」可使他熱情上升的走勢得以緩和，不致在短時間內達到頂點，同時延長了彼此親熱的時間；「不離」可使他不感失望。「君子之交淡如水」，對於熱情的上司，最好就是用這種方法。如果你有所主張或建議，也要用零賣的方法，而不要批發銷售，如此才能使他對你時時都感到新鮮。對於他所提的辦法，你認為對的，趕快去做，否則夜長夢多，過了時候他會反悔的；你認為不對的，不必當面爭辯，只要口頭接受，手中不動，過些時間他自知不妥就不再提起了。

與豪爽的上司打交道，要突出自己的能力：如果你遇到的是豪爽的上司，那真是值得慶幸。只要善於利用你的能力，表現出過人的工作成績，絕對不會沒有發展的機會。你在機會未到時，仍很愉快地工作，並做得又快又好。這表示了你有遊刃有餘的能力。同時還要隨處留心眼，一旦發現可以異軍突起的機會時，就要好好把握。切記，所計畫的一切要十分周詳，然後伺機提出，只要一經採用便可脫穎而出。意見被採用，表示你有說服力，若再委託你來執行，更足以說明你的能力已被肯定。

與傲慢的上司打交道，要謹守崗位：你的上司如果是一個傲慢人物，與其向他取寵獻媚，自汙人格，不如謹守工作的崗位，落落寡合。這樣，他雖然傲慢，但為自己的事業考慮，也不會只親近那些勢利的小人，完全排斥求功的君子。一有機會，你就該表現出你獨特的本領，只要你是一個人才，不愁他不對你另眼相看。

與陰險的上司打交道，要小心謹慎：陰險的人，城府極深，對不如意事，好施報復；對不如意人，設法剪除。陰險的人絕不會採用直接報復的手段，而總是使用計謀。如果你的上司就是這種人，你只有如臨深淵，如履薄冰，兢兢業業，一切唯上司的馬首是瞻，賣盡你的力，隱藏你的智。賣力易得其歡心，隱智易使其輕你，輕你自不會防你，輕你自不會忌你。如此一來，或許倒可以相安無事。像這種地方原就不是好的久居之所，如果希望有所表現，勸你還是從速作遠走高飛的打算。

心學堂 23

30秒讀懂對方心理

作者	蕭然
美術構成	騾賴耙工作室
封面設計	九角文化/設計
發行人	羅清維
企劃執行	張緯倫、林義傑
責任行政	陳淑貞

企劃出版	海鷹文化
出版登記	行政院新聞局局版北市業字第780號
發行部	台北市信義區林口街54-4號1樓
電話	02-2727-3008
傳真	02-2727-0603
E-mail	seadove.book@msa.hinet.net

總經銷	知遠文化事業有限公司
地址	新北市深坑區北深路三段155巷25號5樓
電話	02-2664-8800
傳真	02-2664-8801

香港總經銷	和平圖書有限公司
地址	香港柴灣嘉業街12號百樂門大廈17樓
電話	（852）2804-6687
傳真	（852）2804-6409

CVS總代理	美璟文化有限公司
電話	02-2723-9968
E-mail	net@uth.com.tw

出版日期	2023年05月01日　二版一刷
定價	320元
郵政劃撥	18989626　戶名：海鴿文化出版圖書有限公司

國家圖書館出版品預行編目（CIP）資料

30秒讀懂對方心理 ／ 蕭然作.
-- 二版. -- 臺北市 ： 海鴿文化，2023.05
面 ； 公分. --（心學堂；23）
ISBN 978-986-392-492-0（平裝）

1. 行為心理學　2. 肢體語言　3. 讀心術

176.8　　112004918